Schriften der Philosophisch-historischen Klasse
der Heidelberger Akademie der Wissenschaften

Band 24 (2002)

STEFAN MÜCKL

Religions- und Weltanschauungsfreiheit im Europarecht

Vorgetragen am 9. März 2001

UNIVERSITÄTSVERLAG C. WINTER
HEIDELBERG

Die deutsche Bibliothek – CIP-Einheitsaufnahme

Mückl, Stefan:

Religions- und Weltanschauungsfreiheit im Europarecht / Stefan Mückl. - Heidelberg: Winter, 2002

(Schriften der Philosophisch-historischen Klasse der Heidelberger Akademie der Wissenschaften; Bd. 24)

ISBN 3-8253-1285-2

ISBN 3-8253-1285-2

Imprimé en Allemagne. Printed in Germany
Druck: Strauss Offsetdruck GmbH, Mörlenbach

Inhaltsverzeichnis

Vorwort

Die vorliegende Abhandlung ist die stark erweiterte und aktualisierte Fassung des Vortrags, den ich am 9. März 2001 im Rahmen der 41. Assistententagung Öffentliches Recht in Potsdam gehalten habe[1]. Für die ehrenvolle Aufnahme in die Schriftenreihe danke ich der Heidelberger Akademie der Wissenschaften. In besonderer Weise gilt mein herzlicher Dank Herrn Professor Dr. Alexander Hollerbach.

1 Veröffentlichung der Vortragsfassung in: *Haratsch/Janz/Rademacher/Schmahl/Weiß* (Hrsg.), Religion und Weltanschauung im säkularen Staat. 41. Tagung der Wissenschaftlichen Mitarbeiterinnen und Mitarbeiter der Fachrichtung Öffentliches Recht, 2001, S. 181.

I. Einführung

Religion und Recht stehen primär im Kontext des Staates zueinander in Beziehung. Indes reicht das Thema „Religion und Religionsfreiheit" über den staatlichen Rahmen weit hinaus, es ist seit Jahrhunderten auch eines des Völkerrechts[1]. Weniger ausgeleuchtet ist das Verhältnis von Religion und Recht im Kontext des europäischen Rechts, insbesondere im Recht der Europäischen Gemeinschaft und der Europäischen Union. Wenn es richtig ist, daß „die Gemeinschaft eine neue Rechtsordnung des Völkerrechts darstellt, zu deren Gunsten die Staaten, wenn auch in begrenztem Rahmen, ihre Souveränitätsrechte eingeschränkt haben, eine Rechtsordnung, deren Rechtssubjekte nicht nur die Mitgliedstaaten, sondern auch die Einzelnen sind"[2], hat dies Auswirkungen auf die Bestimmung des Beziehungsgefüges von Religion und Recht. Dieses erschließt sich nicht einfach aus der Übertragung von – wenn auch verschiedenen – staatsrechtlichen Mustern. Ebenso wenig angemessen ist das bloße Heranziehen völkerrechtlicher Modelle. Daraus folgt umgekehrt indes nicht die Irrelevanz dieser beiden Rechtskreise: Staatliches Recht wie das Völkerrecht sind zwar nicht Rechtsquelle, wohl aber Rechts*erkenntnis*quelle für die Ermittlung der Beziehung von Religion und Recht im Europäischen Unions- und Gemeinschaftsrecht. Diese Beziehung entspringt – wie das so verstandene Europarecht allgemein – einer autonomen Rechtsquelle.

1 Dazu im Überblick *Frowein*, Art. „Religionsfreiheit", in: Görres-Gesellschaft (Hrsg.), Staatslexikon, Bd. 4, 1988, Sp. 820 (830); *ders.*, in: Deutsche Sektion der Internationalen Juristen-Kommission (Hrsg.), Religionsfreiheit, 1996, S. 1 (3); jüngst ausführlich *Grote*, in: ders./Marauhn (Hrsg.), Religionsfreiheit zwischen individueller Selbstbestimmung, Minderheitenschutz und Staatskirchenrecht – Völker- und verfassungsrechtliche Perspektiven, 2001, S. 3 ff.

2 EuGH, Slg. 1963, 1 = NJW 1963, 974 – *van Gend&Loos*.

Bei der Annäherung an das Thema erscheinen einige Vorbemerkungen zu den einzelnen Begrifflichkeiten und Komponenten angebracht. Zunächst ist darauf hinzuweisen, daß insbesondere der Terminus „Religionsfreiheit“ changiert. Historisch ist er ebenso vieldeutig wie vielschichtig, weder der Inhalt von „Religion“ noch der von „Freiheit“ steht von vornherein fest[3]. Daher erschließt sich Religionsfreiheit als Rechtsbegriff erst aus den (häufig zeitbedingten, also veränderbaren) theologischen, philosophischen und politischen Vorstellungen in einem Gemeinwesen[4]. Religionsfreiheit besitzt je nach Umfeld und Kontext eine verschiedene Konnotation: Emanzipatorischer Liberalismus des 19. Jahrhunderts und diesen ereilende lehramtliche Verurteilungen verstehen den Begriff anders als die verfolgte Kirche in den Totalitarismen des 20. Jahrhunderts; in konfessionell-religiös homogenen Staaten besagt er anderes als in solchen mit mehreren verschiedenen Bekenntnissen oder gar Religionen; im nationalen Staatsverband muß der Begriff nicht gleichbedeutend sein mit dem im europäischen Staatenverbund.

Mehr noch als „Religion“ und „Religionsfreiheit“ stellt sich der Komplementärbegriff der „Weltanschauung“ als nicht von vornherein feststehender und somit ausfüllungsbedürftiger Rahmenbegriff dar. Nicht nur der Inhalt ist kaum geklärt, sondern schon der Begriff selbst scheint unter europäischen Vorzeichen fragwürdig zu sein: „Weltanschauung“ ist ein genuiner Terminus der deutschen Philosophie[5]. In anderen Sprachen ist er unbekannt[6], diese verwenden in

3 S. dazu auch *Robbers*, VVDStRL 59 (2000), 231 (234 ff.).

4 Überblickshaft *Heckel*, Art. Religionsfreiheit“, in: Görres-Gesellschaft (Hrsg., Fn. 1), Sp. 820 f.; umfassend *ders.*, in: ders., Gesammelte Schriften, Band IV, 1997, S. 647 (653 ff.).

5 Einführend *Casper*, Art. „Weltanschauung“, in: Görres-Gesellschaft (Hrsg., Fn. 1), Bd. 5, Sp. 924 ff.

6 Mitunter firmiert der Terminus als unübersetztes deutsches Fremdwort: „La ‘Weltanschauung’ “.

Rechtstexten – wenn überhaupt[7] – andere Termini wie „belief" oder „conviction" (Art. 9 EMRK). Die (etwas schwerfällige) englische Entsprechung der deutschen „Weltanschauungsgemeinschaften" lautet „philosophical and non-confessional organizations" (Amsterdamer Kirchenerklärung).

Ebenso grundsätzlich wie die Frage nach dem Gehalt der Religions- und Weltanschauungsfreiheit ist diejenige nach dem hieraus Verpflichteteten, zumal diese Frage wiederum auf den Gehalt Auswirkungen hat. Im staatlichen Kontext steht die Freiheit in Beziehung zu einer konkreten Verfaßtheit des Gemeinwesens, namentlich zum Verhältnis von Staat und Kirche. Deren Ausgestaltung stellt sich in einem staatskirchlichen System anders dar als in einem Modell der Trennung von Staat und Kirche[8]. Wie aber ist das Verhältnis von Gemeinschaft und Kirche? Das Gemeinschaftsrecht wird dirigiert und moderiert von den Zielen der Gemeinschaft (Art. 2 EGV). Deren Schwerpunkt liegt indes (jedenfalls bisher) auf dem Gebiet der wirtschaftlichen Integration. Die für den staatlichen Bereich charakteristische Interdependenz von individueller Freiheit und institutionellen Rechtsbeziehungen[9] findet bis dato auf der europäischen Ebene kein Pendant.

Indes gehört die Frage nach der Religions- und Weltanschauungsfreiheit im Europäischen Unions- und Gemeinschaftsrecht in einen größeren Zusammenhang. Wie insbesondere die Genese der Charta der Grundrechte der Europäischen Union (EU-Grundrechte-Charta) vom Dezember 2000 erhellt, geht es bei der Entwicklung, richtiger: der Kodifizierung „europäischer" Grundrechte (auch) um den Prozeß einer europäischen Konstitutionalisierung[10]. In diesem Rahmen

[7] Zahlreiche Verfassungen von Mitgliedstaaten der Europäischen Union verhalten sich jedenfalls textlich nicht zur Weltanschauung(sfreiheit), s. im einzelnen sub IV. 1. c) bb).

[8] *Blum*, Die Gedanken-, Gewissens- und Religionsfreiheit nach Art. 9 der Europäischen Menschenrechtskonvention, 1990, S. 44 f.

[9] Zur Interdependenz von Religionsfreiheit und Staatskirchenrecht *H. Weber*, ZevKR 45 (2000), 109 (114).

kommt auch der Religions- und Weltanschauungsfreiheit erhebliche Relevanz zu, unabhängig davon, ob man die These von *Georg Jellinek* von der Religionsfreiheit als „Urgrundrecht“[11] für richtig hält oder nicht. In Anbetracht dieser grundlegenden Bedeutung der Religions- und Weltanschauungsfreiheit für den Prozeß der weiteren europäischen Integration spielt insoweit eine Differenzierung zwischen Unions- und Gemeinschaftsrecht keine Rolle; daher können für diesen Kontext die Begriffe „Union“ und „Gemeinschaft“ synonym verwendet werden[12].

Schließlich gilt es in einer letzten Vorbemerkung noch einen knappen Blick auf die rechtstatsächlichen, namentlich religionssoziologischen Verhältnisse zu werfen. Die überragende Prägekraft des Christentums in Europa ist evident. Ebenso offenkundig sind gleichermaßen religiöse Pluralisierungstendenzen, zunächst noch im christlichen Binnenbereich: War das „Europa der Sechs“ von 1957 überwiegend katholisch geprägt, trat mit dem Beitritt von Großbritannien und Dänemark 1973 (sowie von Schweden und Finnland 1995) das reformatorische Element hinzu. War damit das lateinisch-abendländische Christentum in der Europäischen Gemeinschaft repräsentiert, wurde sie mit dem Beitritt Griechenlands 1981 um das orthodoxe Element erweitert. Die Präsenz des griechisch-morgenländischen Christentums könnte in absehbarer Zeit durch den Beitritt von Rumänien und Bulgarien verstärkt werden – eine bislang noch kaum erkannte Facette der EU-Ost-Erweiterung. Pluralisierungstendenzen bestehen freilich nicht nur innerhalb des Christentums: Na-

10 Programmatisch *Schwarze* (Hrsg.), Die Entstehung einer europäischen Verfassungsordnung, 2000; dort insbes. ders., S. 463 (533 ff., 549 ff.).

11 *G. Jellinek*, Die Erklärung der Menschen- und Bürgerrechte, 3. Aufl. 1919, S. 42 ff.

12 Wie hier *Heintzen*, in: FS Listl, 1999, S. 29 m. Fn. 1. – Die Abhandlung beschränkt sich hinsichtlich des Europarechts auf den Rechtskreis von Europäischer Union und Europäischer Gemeinschaft. In diesem Rahmen wird auch auf das Regelungsgefüge der Europäischen Menschenrechtskonvention eingegangen. Unberücksichtigt bleibt hingegen der KSZE-Prozeß mit seinen Einwirkungen auf die Religions- und Weltanschauungsfreiheit, s. dazu *Hollerbach*, in: FS Benda, 1995, S. 117.

mentlich der Islam ist in den Ländern der Europäischen Union eine feste Größe geworden; auch dies gilt es bei der Annäherung an die Frage nach der Religions- und Weltanschauungsfreiheit im europäischen Recht im Blick zu behalten.

Diese Annäherung soll im folgenden in drei Schritten erfolgen:

- Zunächst ist im Rahmen einer Bestandsaufnahme die Verankerung der Religions- und Weltanschauungsfreiheit im Gemeinschaftsrecht zu untersuchen, wobei zwischen der Rechtsgeltungs- und der Rechtsanwendungsebene zu differenzieren ist.
- Sodann ist der Anwendungsrahmen des Gemeinschaftsrechts auf religionsrechtliche Sachverhalte abzustecken. Dies betrifft die Kompetenzfrage im Verhältnis zu den Mitgliedstaaten, insbesondere im Hinblick auf etwaige Kompetenzschranken.
- In einem dritten Schritt sind die Interdependenzen von Gemeinschaftsrecht und nationalem Recht zu erörtern. Dabei geht es einmal um Überlegungen zur Entwicklung einer gemeinschaftsrechtlichen Religions- und Weltanschauungsfreiheit. Ebenso sind deren (gegenläufige) Einflüsse auf das nationale Recht zu thematisieren.

II. Bestandsaufnahme: Religions- und Weltanschauungsfreiheit im Gemeinschaftsrecht

1. Rechtsgeltungsebene

Auf der Rechtsgeltungsebene ist eine unterschiedliche Dichte normativer Ansatzpunkte zu konstatieren. Sparsamen Anhalten im Primärrecht steht eine Vielzahl von religionsrechtlich ergiebigen Bestimmungen des Sekundärrechts gegenüber. Überdies bestehen Vorschriften, die sich zwar einer präzisen juristischen Qualifikation entziehen („soft-law"), jedoch für die Auslegung anderer Bestimmungen von Bedeutung sein können.

a) *Primärrecht.* Das Primärrecht enthält lediglich einen ausdrücklichen Anhalt[13] für die Existenz einer gemeinschaftsrechtlichen Religions- und Weltanschauungsfreiheit – und dies auch erst seit dem Amsterdamer Vertrag. Art. 13 EGV ermächtigt den Rat, im Rahmen *bestehender* Gemeinschaftszuständigkeiten[14] geeignete Vorkehrungen zu treffen, um Diskriminierungen aus Gründen der Religion oder der Weltanschauung zu bekämpfen. Ohne in diesem Zusammenhang die mit dieser Norm zusammenhängenden Fragenkreise erschöpfend

[13] Gleichfalls religionsrechtliche Relevanz besitzt das Protokoll (Nr. 33) über den Tierschutz und das Wohlergehen der Tiere des Amsterdamer Vertrages (das gem. Art. 311 EGV Vertragsbestandteil ist), Abdruck in Sartorius II, Nr. 151.

[14] Nach h.M. ist „Zuständigkeit" nicht i.S.d. „Politiken" des Art. 3 EGV zu verstehen, sondern i.S.v. „Kompetenz"; s. nur *Epiney*, in: Calliess/Ruffert (Hrsg.), Kommentar zu EU-Vertrag und EG-Vertrag, 1999, Art. 13 EGV Rn. 5.

behandeln zu können,[15] genügen für die Relevanz des Art. 13 EGV im Hinblick auf die gemeinschaftsrechtliche Religions- und Weltanschauungsfreiheit an dieser Stelle zwei Hinweise:

- Art. 13 EGV betrifft einen wichtigen Aspekt der Rechtsverbürgung, aber eben nur einen Teilbereich, nämlich deren gleichheitsrechtliche Komponente. Er stellt gewissermaßen die gemeinschaftsrechtliche Parallele zu den Diskriminierungsverboten der Art. 3 Abs. 3 Satz 1, 33 Abs. 3 GG dar.
- Zweitens ist darauf aufmerksam zu machen, daß inzwischen eine auf Art. 13 EGV gestützte Gleichbehandlungs-Richtlinie des Rates in Kraft getreten ist[16]. Die Richtlinie verbietet jede unmittelbare und mittelbare Diskriminierung (Art. 2 Abs. 1). Die Mitgliedstaaten dürfen aber zugunsten der Kirchen sowie anderer Religions- und Weltanschauungsgemeinschaften abweichende Rechtsvorschriften im Hinblick auf eine Ungleichbehandlung wegen der Religion oder der Weltanschauung vorsehen (Art. 4 Abs. 2 Satz 1)[17]. Bemerkenswert ist die in der Richtlinie normierte unmittelbare Drittwirkung dieses Diskriminierungsverbots (Art. 3 Abs. 1) – eine Figur, die sich in die herkömmliche Grundrechtsdogmatik nicht eben bruchlos einordnet[18].

Primärrechtlich folgt die Existenz der Religions- und Weltanschauungsfreiheit im Gemeinschaftsrecht seit dem Vertrag von Maastricht

[15] Ausführlich *Heinig*, in: Haratsch/Janz/Rademacher/Schmahl/Weiß (Hrsg.), Religion und Weltanschauung im säkularen Staat, 2001, S. 215.

[16] Richtlinie 2000/78/EG des Rates vom 27.11.2000 zur Festlegung eines allgemeinen Rahmens für die Verwirklichung der Gleichbehandlung in Beschäftigung und Beruf, ABl. EG Nr. L 303 v. 02.12.2000, S. 16.

[17] Dazu erste Würdigung bei *Winter*, in: FS Hollerbach, 2001, S. 893 (896 ff.).

[18] Bei Art. 3 Abs. 3 GG wird eine unmittelbare Drittwirkung auf das Privatrecht von der überwiegenden Meinung abgelehnt, statt aller und pointiert *Dürig*, in: Maunz/ders. (Hrsg.), GG, Kommentar, Art. 3 Abs. I (Stand: 1973) Rn. 505 ff.; Abs. III (Stand: 1973) Rn. 172.

aus einer Verweisungsnorm, damit also indirekt: Art. F Abs. 2 EUV – seit dem Amsterdamer Vertrag: Art. 6 Abs. 2 EUV – bindet die Union an die Grundrechte, wie sie sich aus der Europäischen Menschenrechtskonvention (EMRK) und aus den gemeinsamen Verfassungsüberlieferungen der Mitgliedstaaten als allgemeine Grundsätze des Gemeinschaftsrechts ergeben. Die EMRK garantiert in Art. 9 Abs. 1 allgemein die Religions- und Weltanschauungsfreiheit[19] sowie in Art. 2 des 1. Zusatzprotokolls[20] das religiöse und weltanschauliche Elternrecht im Hinblick auf das staatliche Schulwesen. Überdies ist die Religions- und Weltanschauungsfreiheit in allen mitgliedstaatlichen Verfassungen verankert und stellt somit auch eine gemeinsame Verfassungsüberlieferung dar[21].

b) *Sekundärrecht.* Wo das Primärrecht nur verhaltene, weil unvollständige oder mittelbare Aussagen zur gemeinschaftsrechtlichen Religions- und Weltanschauungsfreiheit enthält, ist das Sekundärrecht um so beredter. Dort findet sich seit langem – teilweise schon erhebliche Zeit vor der primärrechtlichen Anerkennung von Grundrechten überhaupt – eine Vielzahl von Bestimmungen, die sich als Ausdruck und Ausfluß der Religions- und Weltanschauungsfreiheit verstehen lassen[22]. Unternimmt man den Versuch einer kategorialen Erfassung, so können drei Dimensionen unterschieden werden:

19 Dazu unverändert maßgeblich *Blum* (Fn. 8); ebenfalls wertvoll *Frowein*, Essener Gespräche 27 (1993), 46; ders., in: ders./Peukert, EMRK-Kommentar, 2. Aufl. 1996, Art. 9, sowie aus jüngster Zeit *ders.*, in: Grote/Marauhn (Hrsg., Fn. 1), S. 73; *Fiedler*, VVDStRL 59 (2000), 199; *Vachek*, Das Religionsrecht der Europäischen Union im Spannungsfeld zwischen mitgliedstaatlichen Kompetenzreservaten und Art. 9 EMRK, 2000.

20 Der Verweis auf die EMRK in Art. 6 Abs. 2 EUV bezieht sich auch auf die (von allen Mitgliedstaaten ratifizierten) Zusatzprotokolle, s. nur *Hilf*, in: Grabitz/ders. (Hrsg.), Das Recht der Europäischen Union, Altband I, Art. F EUV (Stand: Mai 1995) Rn. 33.

21 Ausführlich dazu sub IV. 1. c). – Knapper Überblick bei *Vachek* (Fn. 19), S. 185 ff. sowie bei *Robbers*, in: FS Listl, S. 201 m. Fn. 1.

22 Detaillierte Aufstellung bei *Vachek* (Fn. 19), S. 77 ff.

- Zunächst erfuhren Diskriminierungsverbote eine Verankerung im Gemeinschaftsrecht. Erste Ausprägung ist im Jahr 1962 Art. 27 Abs. 2 des Beamtenstatus[23], der bestimmt, daß die Beamten der Gemeinschaften ohne Rücksicht auf Rasse, Glauben oder Geschlecht ausgewählt werden. Diese Bestimmung war es auch, die im bisher einzigen Fall des Europäischen Gerichtshofs zur Religionsfreiheit eine maßgebliche Rolle spielte[24].
- Eine weitere Dimension betrifft die Rechtsvorschriften, die aus Gründen der Religion bzw. der Weltanschauung Ausnahmeregelungen beinhalten. In ihnen kommt teilweise ein abwehrrechtlicher Gehalt zum Ausdruck, teilweise auch die Anerkennung bereichsspezifischer Besonderheiten von Religion und Weltanschauung, cum grano salis: des korporativen Selbstbestimmungsrechts. So sieht die Tierschutzrichtlinie von 1993 Ausnahmen vom grundsätzlichen Betäubungsgebot vor dem Schlachten vor, wenn aufgrund bestimmter religiöser Riten besondere Schlachtmethoden angewendet werden (sog. „Schächten“)[25]. Die Arbeitszeitrichtlinie von 1993 dispensiert „Arbeitnehmer, die im liturgischen Bereich von Kirchen oder Religionsgemeinschaften beschäftigt sind“, von diversen Arbeitszeitschutzbestimmungen über Ruhe-

[23] Verordnung Nr. 31 (EWG)/Nr. 11 (EAG) vom 18.12.1961 über das Statut der Beamten und über die Beschäftigungsbedingungen für die sonstigen Bediensteten der Europäischen Wirtschaftsgemeinschaft und der Europäischen Atomgemeinschaft, ABl. 1962 vom 14.06.1962, S. 1385.

[24] EuGH, Slg. 1976, 1589 = DÖV 1977, 408 m. Anm. *Rengeling – Vivien Prais*. Dazu noch sub II. 2.

[25] Art. 5 Abs. 2 der Richtlinie 93/119/EG des Rates v. 22.12.1993 über den Schutz von Tieren zum Zeitpunkt der Schlachtung oder Tötung, ABl. EG, Nr. L 340 v. 31.12.1993, S. 21. Das Problem des „Schächtens“ ist europaweit überaus umstritten: Für die Zulässigkeit etwa ÖsterrVfGH, EuGRZ 1999, 600; dagegen BVerwGE 99, 1 und BVerwG, NJW 2001, 1225, sowie EGMR, Urt. v. 27.06.2000 – 27417/95 –, n.v. Dazu Kurzanmerkung *Karlen*, Schweizerisches Jahrbuch für Kirchenrecht 2000, 134.

zeiten und Nachtarbeit[26]. Die Datenschutzrichtlinie von 1995 untersagt grundsätzlich die Verarbeitung personenbezogener Daten, aus denen religiöse oder politische Überzeugungen hervorgehen. Hiervon werden u.a. philosophisch oder religiös ausgerichtete Organisationen unter bestimmten Voraussetzungen ausgenommen[27]. Dies hat insbesondere zur praktischen Konsequenz, daß das in Deutschland bestehende System des staatlichen Kirchensteuereinzugs von Europarechts wegen unangetastet bleibt[28].

– Schließlich finden sich – wenngleich vereinzelt – auch Bestimmungen, die aus Gründen der Religion oder Weltanschauung Teilhaberechte an öffentlichen Einrichtungen vermitteln, also eine gewisse leistungsrechtliche Komponente aufweisen. Zu nennen ist in diesem Zusammenhang vor allem die Fernsehrichtlinie von 1989 bzw. 1997[29]. Sie verbietet die Unterbrechung der Übertragung von Gottesdiensten bzw. religiösen Sendungen allgemein von weniger als 30 Minuten Dauer durch Werbung oder Teleshopping (Art. 11 Abs. 5). Werbung und Teleshopping dürfen religiöse Gefühle nicht verletzen (Art. 12 lit. c). Die Mitgliedstaaten haben

[26] Art. 17 Abs. 1 lit. c der Richtlinie 93/104/EG des Rates vom 23.11.1993 über bestimmte Aspekte der Arbeitszeitgestaltung, ABl. EG, Nr. L 307 vom 13.12.1993, S. 18; in Deutschland umgesetzt durch § 18 Abs. 1 Nr. 4 des Arbeitszeitrechtsgesetzes (ArbZG) vom 06.06.1994, BGBl. I S. 1170.

[27] Art. 8 Abs. 2 der Richtlinie 95/46/EG des Europäischen Parlaments und des Rates v. 24.10.1995 zum Schutz natürlicher Personen bei der Verarbeitung personenbezogener Daten und zum freien Datenverkehr, ABl. EG, Nr. L 281 v. 23.11.1995, S. 31 ff. – Allgemein zum Thema: *Robbers* (Hrsg.), Europäisches Datenschutzrecht und die Kirchen, 1994.

[28] Zum Problem *Rüfner*, in: FS Carl Heymanns Verlag, 1995, S. 485 (490); *Link*, ZevKR 42 (1997), 130 (149); *Ehlers*, in: Pieroth (Hrsg.), Verfassungsrecht und soziale Wirklichkeit in Wechselwirkung, 2000, S. 85 (105).

[29] Richtlinie 89/552/EWG des Rates vom 03.10.1989 zur Koordinierung bestimmter Rechts- und Verwaltungsvorschriften der Mitgliedstaaten über die Ausübung der Fernsehtätigkeit, ABl. EG, Nr. L 298 v. 17.10.1989, S. 23 bzw. Richtlinie 97/36/EG des Europäischen Parlaments und des Rates vom 30.06.1997 zur Änderung der Richtlinie 89/552/EWG des Rates zur Koordinierung bestimmter Rechts- und Verwaltungsvorschriften der Mitgliedstaaten über die Ausübung der Fernsehtätigkeit, ABl. EG, Nr. L 202 v. 30.07.1997, S. 60.

dafür Sorge zu tragen, daß die Sendungen nicht zum Haß aufgrund von Religion aufstacheln (Art. 22a)[30]. Ein weiteres Beispiel für Teilhaberechte bilden die Europäischen Schulen (für Kinder von EU-Bediensteten), in denen der Religionsunterricht ordentliches Lehrfach ist, das nach den von den Religionsgemeinschaften aufgestellten Grundsätzen erteilt wird. Alternativ ist die Teilnahme am Ethik-Unterricht möglich[31].

c) *Weitere Vorschriften des Gemeinschaftsrechts.* Relevanz für die gemeinschaftsrechtliche Religions- und Weltanschauungsfreiheit kommt weiter solchen Bestimmungen zu, die zwar von den Mitgliedstaaten als den „Herren der Verträge" erlassen oder doch initiiert wurden, jedoch (noch) keine primärrechtliche Qualität aufweisen.

In diesem Zusammenhang ist an erster Stelle die im Rahmen des Amsterdamer Vertrages von allen EU-Mitgliedstaaten abgegebene *„Erklärung Nr. 11 zum Status der Kirchen und weltanschaulichen Gemeinschaften"* vom 2. Oktober 1997 zu nennen:

> „Die Europäische Union achtet den Status, den Kirchen und religiöse Vereinigungen oder Gemeinschaften in den Mitgliedstaaten nach deren Rechtsvorschriften genießen, und beeinträchtigt ihn nicht. Die Europäische Union achtet den Status von weltanschaulichen Gemeinschaften in gleicher Weise."[32]

30 Zu diesen rundfunkrechtlichen Implikationen *Link*, in: Listl/Pirson (Hrsg.), Handbuch des Staatskirchenrechts (HdbStKirchR), Band II, 2. Aufl. 1995, S. 285 (310 ff.); *ders.*, ZevKR 42 (1997), 130 (145 ff.).

31 *Robbers*, in: Listl/Pirson (Hrsg.), HdbStKirchR I, 2. Aufl. 1994, S. 315 (324); *Vachek* (Fn. 19), S. 78.

32 Zur Entstehungsgeschichte der Kirchenerklärung *Vachek* (Fn. 19), S. 125 ff.; *van Bijsterveld*, ÖARR 46 (1999), 46 ff.

Unbestritten ist, daß die Kirchenerklärung kein Bestandteil des Vertragswerks ist[33]. Daraus folgt indes noch nicht ihre gänzliche normative Irrelevanz. Da sie von den Mitgliedstaaten in dieser Eigenschaft abgegeben wurde, vermag sie als Auslegungsmaxime i.S.d. Art. 31 Abs. 2 des Wiener Übereinkommens über das Recht der Verträge (WVRK) zu fungieren[34]. Auch ist in Rechnung zu stellen, daß zum Teil in der europäischen Rechtsprechungspraxis Erklärungen zu den Verträgen zum „rechtlichen Rahmen" gezählt werden und auch die Generalanwälte in ihren Schlußvorträgen sich darauf berufen[35]. Diese beiden Aspekte machen indes eines deutlich: Der rechtliche Gehalt der Kirchenerklärung ist akzessorischer Natur. Sie ist geeignet, bestehende Normen und Gewährleistungen zu interpretieren und zu bekräftigen. Originäre Wirkung kommt ihr dagegen nicht auf inhaltlicher, sondern lediglich auf verfahrensrechtlicher Ebene zu. Hierzu drei Aspekte:

– In sachlicher Hinsicht wird man der Kirchenerklärung primär struktursichernde Wirkung zusprechen können: Sie gewährleistet den Bestand der in den Mitgliedstaaten existierenden institutionellen Rechtsbeziehungen zwischen Staat und Kirche, ist also gewissermaßen eine status-quo-Garantie des *jeweiligen* mitgliedstaatlichen Staatskirchenrechts[36]. Der Verweis auf die Rechtsvorschriften der Mitgliedstaaten ist freilich ambivalent; er hindert auf der einen Seite Eingriffe in den Bestand des nationalen Institutionen-

[33] *Stotz*, EuZW 1998, 737; *Heintzen*, in: FS Listl, S. 29 (32); *Jeand'Heur/Korioth*, Grundzüge des Staatskirchenrechts, 2000, Rn. 379; *Winter*, Staatskirchenrecht der Bundesrepublik Deutschland, 2001, S. 211.

[34] Allgemein für Erklärungen *Schmalenbach*, in: Calliess/Ruffert (Hrsg., Fn. 14), Art. 311 EGV Rn. 3 m.w.Nachw.; speziell für die Kirchenerklärung *Stotz*, ebd.; *Heintzen*, ebd.; *Hillgruber*, DVBl 1999, 1155 (1178); *Alber*, RSG 1 (2000), 292 (303); a.A. *Vachek* (Fn. 19), S. 134 f.

[35] Vgl. *Herdegen*, ZHR 155 (1991), 52 (57 ff.); *Robbers*, StZ 216 (1998), 147 (154).

[36] *Robbers*, StZ 216 (1998), 147 (151); *Potz*, ÖARR 46 (1999), 6 (8); *H. Weber*, ZevKR 45 (2000), 109 (149 f.) m.w.Nachw.

rechts, schafft andererseits aber keinen Rechtstitel für Kirche und Religionsgemeinschaften zur Erlangung eines vorteilhafteren rechtlichen Status[37]. Immerhin: Die Kirchenerklärung steht der (politisch ohnehin nicht gewollten) „Vergemeinschaftung" des nationalen Staatskirchenrechts entgegen.

- Für die Rechtspraxis bedeutsamer dürfte die weitere Wirkung der Kirchenerklärung sein, die in ihrer Funktion als Auslegungsmaxime für den Gehalt der Religions- und Weltanschauungsfreiheit liegt[38]. Namentlich die Dimension der korporativen Freiheitsverbürgung dürfte durch die Kirchenerklärung eine erhebliche Stärkung erfahren[39]. Hintergrund dieser Erwartung ist die bisher zögerliche Anerkennung dieser Dimension in der Spruchpraxis der EMRK-Organe – Europäische Kommission für Menschenrechte (EKMR) und Europäischer Gerichtshofs für Menschenrechte (EGMR)[40] –, die nunmehr jedenfalls für die gemeinschaftsrechtliche Religions- und Weltanschauungsfreiheit nach Art. 6 Abs. 2 EUV i.V.m. Art. 9 Abs. 1 EMRK überwunden sein dürfte.
- Die vielleicht entscheidende Wirkung der Kirchenerklärung liegt weniger auf einer sachlich-inhaltlichen, sondern mehr auf einer verfahrensrechtlichen Ebene. Erstmals wird die Kirche, werden die Religions- und Weltanschauungsgemeinschaften vom Gemeinschaftsrecht zur Kenntnis genommen, wenngleich ihnen – anders als den Sozialpartnern (Art. 137 ff. EGV) oder den politischen Parteien (Art. 191 EGV) – der Ritterschlag primärrechtlicher Erwähnung (noch) versagt bleibt. Immerhin werden Kirche, Religions- und Weltanschauungsgemeinschaften durch

37 Diesen Aspekt betonen *Vachek* (Fn. 19), S. 145 f. sowie *Alber*, RSG 1 (2000), 293 (303).

38 *Bausback*, EuR 2000, 261 (265); ebenso *de Wall*, ZevKR 45 (2000), 157 (170) im Hinblick auf Art. 13 EGV; *Winter*, in: FS Hollerbach, S. 893 (901).

39 *Stotz*, EuZW 1998, 737; *ders.*, ÖARR 46 (1999), 64 (67), *Potz*, ÖARR 46 (1999), 6 (8 f.); *Heintzen*, in: FS Listl, S. 29 (33 f.); *Jeand'Heur/Korioth*, Staatskirchenrecht (Fn. 33), Rn. 379.

40 Dazu *Blum* (Fn. 8), S. 170 ff.

die Kirchenerklärung als legitimer Partner im Prozeß der europäischen Einigung anerkannt[41]. Denn die Zusage, ihren rechtlichen Status in den Mitgliedstaaten nicht zu beeinträchtigen, läßt sich nur realisieren, wenn ihre Belange auf europäischer Ebene erkundet, gehört und zumindest zur Kenntnis genommen werden[42].

Ebenfalls noch nicht rechtsverbindlich, weil nicht Bestandteil des Primärrechts[43], ist die am 8. Dezember 2000 feierlich proklamierte *EU-Grundrechte-Charta*[44]. Rechtlich stellt diese Erklärung der Gemeinschaftsorgane – Parlament, Rat, Kommission – ebenso eine Selbstbindung dieser Organe dar wie schon die diversen vorgängigen Grundrechtserklärungen[45]. Das (nicht zuletzt vom Bundesverfassungsgericht) propagierte Petitum eines verbindlichen kodifizierten europäischen Grundrechtskatalogs[46] bleibt damit unverändert Disiderat. In inhaltlicher Hinsicht entspricht die Verbürgung der Gedanken-, Gewissens- und Religionsfreiheit in Art. 10 Abs. 1 nahezu wörtlich der Parallelbestimmung des Art. 9 Abs. 1 EMRK. Art. 21 Abs. 1 enthält ein – im wesentlichen der Vorschrift des Art. 14 EMRK nachempfundenes – Diskrimierungsverbot aus Gründen der Religion und Weltanschauung. Für das institutionelle Recht ist Art. 22 bedeutsam, der besagt, daß die Union die Vielfalt der Kulturen, Religionen und Sprachen achte. Darin wird man mit einiger Berechtigung eine Rücksichtnahme auf die Besonderheiten des mitglied-

41 So *Robbers*, HK 1997, 622.

42 *Stotz*, EuZW 1998, 737; *ders.*, ÖARR 46 (1999), 64 (69); *Potz*, ÖARR 46 (1999), 6 (9); *Torfs*, ÖARR 46 (1999), 14 (38); *Heintzen*, in: FS Listl, S. 29 (46), spricht insoweit von einer „europarechtlichen Berücksichtigungspflicht"; zustimmend *H. Weber*, in: FS Maurer, 2001, S. 469 (488 f.).

43 *Magiera*, DÖV 2000, 1017 (1019 f.); *Grabenwarter*, DVBl 2001, 1.

44 Charta der Grundrechte der Europäischen Union vom 08.12.2000, ABl. EG, Nr. C 364 vom 18.12.2000, S. 1.

45 Zu ihnen im Überblick *Albers*, in: dies./Heine/Seyfarth (Hrsg.), Beobachten – Entscheiden – Gestalten: Symposion zum Ausscheiden von Dieter Grimm aus dem Bundesverfassungsgericht, 2000, S. 129 (131 ff.).

46 BVerfGE 37, 271 (280) – *Solange I.*

staatlichen Staatskirchenrechts erblicken dürfen[47], zumal in einer amtlichen Erläuterung zu dieser Bestimmung ausdrücklich auf die Kirchenerklärung des Amsterdamer Vertrags Bezug genommen wird[48].

In dogmatischer Hinsicht läßt die EU-Grundrechte-Charta indes manche Frage offen, was freilich kein Vorwurf ist, der sie trifft: Schließlich war es ausdrückliche Vorgabe für die Ausarbeitung der Charta, den auf Gemeinschaftsebene insbesondere durch die Rechtsprechung des EuGH ausgeformten Grundrechtsschutz zusammenzufassen und sichtbarer zu machen[49] – also Systematisierung des Bestehenden statt rechtsschöpferische Innovation. Als Stichworte sind insoweit zu nennen die wenig differenzierte Schrankenregelung in Art. 52 Abs. 1 (Vorbehalt des Gesetzes, Wesensgehalt, Verhältnismäßigkeit)[50]; das Fehlen einer (Art. 19 Abs. 3 GG vergleichbaren) ausdrücklichen Bestimmung zur Grundrechtsfähigkeit juristischer Personen[51] sowie das trotz verschiedener Günstigkeitsprinzipien (Art. 52 Abs. 3, 53) letztlich ungeklärte Verhältnis zur EMRK[52].

Die angesprochenen Vorbehalte – fehlende Rechtsverbindlichkeit und mancherlei dogmatische Unebenheit – dürften vorläufig die praktische Bedeutung der Grundrechte-Charta reduzieren. Es spricht einiges dafür, daß namentlich der EuGH ihre Bestimmungen zwar

47 So *Grabenwarter*, DVBl 2001, 1 (6).

48 Erläuterung des Präsidiums des Konvents, der die EU-Grundrechte-Charta ausgearbeitet hat; abgedruckt in der Sonderbeilage zu NJW, EuZW, NVwZ und JuS, S. 10.

49 *Magiera*, DÖV 2000, 1017 (1020).

50 Diese Schrankendogmatik entspricht der Rechtsprechung des EuGH seit 20 Jahren, grdl. insoweit EuGH, Slg. 1979, 3727 (3746), Tz. 20 ff. – *Hauer*. Kritisch zur Schrankendogmatik der Charta *Magiera*, DÖV 2000, 1017 (1022); *A. Weber*, NJW 2000, 537 (543 f.); *Calliess*, EuZW 2001, 261 (264).

51 Vgl. *A. Weber*, NJW 2000, 537 (541).

52 Dazu *Grabenwarter*, DVBl 2001, 1 (10 f.) m.w.Nachw.; *H. Weber*, in: FS Maurer, S. 496 (491).

rezipieren wird, freilich nur, um ein auf der Grundlage von Art. 6 Abs. 2 EUV bereits gewonnenes Ergebnis abzusichern[53].

2. Rechtsanwendungsebene

Die Rechtsanwendungsebene hat inbesondere den EuGH in den Blick zu nehmen, dem nach Art. 220 EGV die Aufgabe zukommt, „die Wahrung des Rechts bei der Auslegung und Anwendung dieses Vertrags" zu sichern[54]. Die Frage, ob auch die Grundrechte „Recht" im Sinne dieser Vorschrift sind, hat der Gerichtshof bekanntlich in den ersten Jahren seiner Tätigkeit verneint[55]. Seit seiner in der Sache epochalen und in der Begründung apodiktischen Rechtsprechungsänderung im Jahr 1969, in der er die Grundrechte als „allgemeine Grundsätze des Gemeinschaftsrechts" anerkannt hat[56], hat der EuGH eine breitgefächerte Grundrechtsjudikatur entwickelt[57]. In diese fügt sich auch die Bejahung der gemeinschaftsrechtlichen Religions- und Weltanschauungsfreiheit ein, zu der freilich lediglich eine Entscheidung aus dem Jahr 1976 vorliegt[58]:

[53] *Grabenwarter,* DVBl 2001, 1 (11); *Calliess*, EuZW 2001, 261 (267). – Als Präzedenzfall mag die Rezeption der „Gemeinsamen Erklärung des Europäischen Parlaments, des Rates und der Kommission vom 05.04.1977 zum Grundrechtsschutz in der EG" (ABl. EG, Nr. C 103 vom 27.04.1977, S. 1 = EuGRZ 1977, 157) durch EuGH, Slg. 1979, 3727 (3745), Tz. 15 – *Hauer*, firmieren. In seinem Schlußantrag in der Rechtssache BECTU vom 08.02.2001 hat sich Generalanwalt *Tizzano* bereits auf Bestimmungen der Grundrechte-Charta bezogen, s. *Calliess*, EuZW 2001, 261 (267).

[54] Dazu jüngst *Schwarze*, in: FS Hollerbach, S. 169.

[55] EuGH, Slg. 1959, 43 (64) – *Stork*; Slg. 1960, 885 (921) – *Ruhrkohlen-Verkaufsgesellschaft*; Slg. 1965, 295 (312) – *Sgarlata*.

[56] EuGH, Slg. 1969, 419 (425), Tz. 7 – *Stauder*.

[57] Dazu monographisch *Rengeling*, Grundrechtsschutz in der Europäischen Gemeinschaft, 1992; s. ferner *Schwarze*, EuGRZ 1986, 293; *dens.*, NJ 1994, 53; *Kokott*, AöR 121 (1996), 599; *Hirsch*, RdA 1998, 194.

[58] EuGH, Slg. 1976, 1589 = DÖV 1977, 408 m. Anm. *Rengeling* – *Vivien Prais*.

Die Britin *Vivien Prais* bewarb sich beim Rat der EG um eine Stelle als Übersetzerin und wurde zu einer schriftlichen Auswahlprüfung eingeladen. Sie teilte daraufhin dem Rat mit, daß sie jüdischen Glaubens sei und daß der Tag der Auswahlprüfung auf den ersten Tag eines jüdischen Festes falle, an dem sie weder reisen noch schreiben dürfe. Ihr Ansinnen, einen anderen Prüfungstermin zu erhalten, wurde abschlägig beschieden, da es unerläßlich sei, daß alle Bewerber die Prüfung aufgrund der gleichen Aufgaben am gleichen Tag ablegten. Frau *Prais* erblickte im Verhalten des Rates eine Verletzung von Art. 27 Abs. 2 des Beamtenstatuts[59] sowie der vom Gemeinschaftsrecht geschützten Religionsfreiheit.

Das für den Untersuchungsgegenstand wesentliche Ergebnis dieser Entscheidung liegt darin, daß der EuGH die Existenz einer vom Gemeinschaftsrecht anerkannten Religionsfreiheit bejaht hat – wenngleich nur in einem obiter dictum, während die tragenden (klagabweisenden) Entscheidungsgründe auf den Gleichheitssatz gestützt wurden[60]. Bemerkenswert ist überdies, daß der EuGH einer religiöse Belange ignorierenden Interpretation des Art. 27 Abs. 2 des Beamtenstatus eine Absage erteilt hat: Der Rat hatte erklärt, diese Norm „stets streng“ beachtet zu haben, indem er keinen Bewerber nach seiner Religionszugehörigkeit frage und entsprechende Angaben „nicht zur Kenntnis“ nehme[61]. Demgegenüber hält es der EuGH ausdrücklich für „wünschenswert“, daß eine Anstellungsbehörde über religiös motivierte Hinderungsgründe für Auswahlprüfungen informiert wird, um nach Möglichkeit Terminkollisionen zu vermeiden[62].

Aus der *Prais*-Entscheidung des EuGH folgt unmittelbar dreierlei: *Erstens* ist jedenfalls die individuelle[63] Religionsfreiheit gemein-

[59] S. sub II. 1. b).

[60] EuGH, Slg. 1976, 1589 (1599) = DÖV 1977, 408 f.

[61] Vgl. den Sachbericht im Schlußantrag von GA *Werner* in EuGH, Slg. 1976, 1589 (1602).

[62] EuGH, Slg. 1976, 1589 (1599) = DÖV 1977, 409.

[63] *Pernice*, JZ 1977, 777 (780), erblickt in der Entscheidung schon weitergehend die Grundlage für die Bestimmung des allgemeinen Verhältnisses zwischen EG und Religionsgemeinschaften.

schaftsrechtlich verbürgtes Grundrecht, das *zweitens* zumindest gegenüber den Gemeinschaftsorganen Schutz vermittelt. *Drittens* ist sie inhaltlich nicht in einem strikt indifferent-neutralistischen Verständnis zu deuten, sondern weist einen positiven Gehalt[64] auf: Sie wirkt – in der Sprache der deutschen Grundrechtsdogmatik formuliert – auf die Anwendung und Auslegung des rangniedrigeren Rechts ein[65].

So wichtig die Entscheidung für die Grundlegung der gemeinschaftsrechtlichen Religions- und Weltanschauungsfreiheit auch ist, läßt sie zentrale und entscheidende Aspekte ungeklärt. Über den Inhalt und Umfang des Schutzbereichs herrscht weitgehende, über die Schranken der Freiheit völlige Unklarheit[66]. Diese Unklarheit zu beheben hat auch die nachfolgende Rechtsprechung des EuGH in Fällen mit religionsrechtlichem Implikationen nicht unternommen. Dies veranlaßt zur Schlußfolgerung, daß in der Rechtsprechung eine gemeinschaftsrechtliche Religions- und Weltanschauungsfreiheit dem Grunde nach anerkannt ist, diese aber nur äußerst unscharfe Konturen aufweist.

Zwar lagen dem EuGH noch mehrfach Fälle mit religionsrechtlichen Implikationen zur Entscheidung vor[67]. Der Gerichtshof hat jedoch keine weiteren Aussagen zur Religions- und Weltanschauungsfreiheit getroffen, mehr noch, solche sogar – obwohl der Streitstoff es nahegelegt hätte – vermieden. Stattdessen hat der EuGH einer bloßen, mitunter recht technizistisch anmutenden Subsumtion unter gemeinschaftsrechtliche Normen den Vorzug gegeben. So zutreffend die Entscheidungen im Ergebnis auch sind, vermögen sie

[64] *Pernice*, JZ 1977, 777 (780 f.); *Hollerbach*, ZevKR 35 (1990), 250 (264); *Robbers*, Essener Gespräche 27 (1993), 81 (84).

[65] *Pernice*, Grundrechtsgehalte im Europäischen Gemeinschaftsrecht, 1979, S. 205, spricht von einer „an der Religionsfreiheit orientierten ... grundrechtskonformen Auslegung".

[66] *Bausback*, EuR 2000, 261 (270).

[67] Knapper Überblick bei *Robbers*, Essener Gespräche 27 (1993), 81 (82 ff.); ausführlich *Vachek* (Fn. 19), S. 92 ff.

inhaltlich doch nicht zu befriedigen: Zum einen werden zentrale und praktisch bedeutsame Rechtsfragen unentschieden gelassen, wie diejenige, ob das wirtschaftliche und gewerbliche Tätigwerden einer Religions- oder Weltanschauungsgemeinschaft der Religions- und Weltanschauungsfreiheit unterfällt[68]. Zum anderen drängt sich bei der technizistischen Subsumtions-Methode des EuGH die Frage auf, ob der Gerichtshof die Realität der Gemeinschaft nicht etwas einseitig in den Kategorien des Wirtschaftslebens wahrnimmt und andere Deutungsmuster ausblendet. Wenn das Amt des Priesters kurzerhand dem Selbständigen-Begriff nach Art. 1 der sog. „Wanderarbeitnehmer-Verordnung“[69] unterstellt wird[70], ist es jedenfalls sehr die Frage, ob der Gerichtshof die Spezifika von Religion und Weltanschauung tatsächlich zutreffend erfaßt und rechtlich angemessen berücksichtigt[71].

3. Fazit

Nimmt man die Rechtsgeltungs- und die Rechtsanwendungsebene in einer Gesamtschau in den Blick, führt die Bestandsaufnahme zu folgendem Befund: Unbestritten ist die Existenz einer gemeinschaftsrechtlichen Religions- und Weltanschauungsfreiheit. Normativ wie rechtspraktisch weist sie noch am stärksten in ihrer gleichheitsrechtlichen Komponente als Diskriminierungsverbot Konturen auf. Darüber hinaus kommt ihr die klassische Grundrechtsfunktion als Abwehrrecht zu, in gewissen Bereichen auch eine leistungsrechtliche Komponente. Verschiedene Bestimmungen des Sekundär-

68 EuGH, Slg. 1988, 6159 (6172 ff.), Tz. 8 ff. – *Steymann*.

69 Abdruck in Sartorius II, Nr. 185.

70 So EuGH, Slg. 1986, 3097 (3123 f.), Tz. 21 ff. – *van Roosmalen*.

71 Kritisch auch *Loschelder*, Diskussionsbeitrag, Essener Gespräche 27 (1993), 109; *Robbers*, in: HdbStKirchR I (Fn. 31), S. 315 (324 f.); *ders*., in: ders. (Hrsg.), Staat und Kirche in der Europäischen Union, 1995, S. 351 (357); *de Wall*, ZevKR 45 (2000), 157 (167).

rechts lassen zudem einen Sensus für die Anerkennung des Selbstbestimmungsrechts der Religions- und Weltanschauungsgemeinschaften erkennen. Jedoch finden sich zu jedem Aspekt wiederum gegenläufige Gesichtspunkte, so daß der resümierende Befund auf dieser ersten Ebene weniger ein „clandestines europäisches Religionsrecht“[72], als vielmehr eine diffuse Religions- und Weltanschauungsfreiheit zu diagnostizieren hat.

72 *Robbers*, ZevKR 42 (1997), 122 (123).

III. Anwendungsrahmen des Gemeinschaftsrechts auf religionsrechtliche Sachverhalte

1. Kompetenz der Gemeinschaft zur Regelung religionsrechtlicher Sachverhalte

Daß die Gemeinschaft kompetent sein könnte, religionsrechtliche Sachverhalte verbindlich zu regeln, ruft mitunter Erstaunen hervor, kann also keineswegs als (juristisches) Allgemeingut betrachtet werden. Das mag zu einem erheblichen Teil daran liegen, daß die Gemeinschaft (immer noch) primär als *Wirtschafts*gemeinschaft wahrgenommen wird. Ihr Tätigwerden auf anderen Gebieten verursacht nicht selten – allgemeine wie juristische – Abwehrreflexe.

Die Untersuchung einer Kompetenz für die hier in Rede stehende Materie hat ihren Ausgangspunkt im allgemeinen Kompetenzgefüge der Gemeinschaft zu nehmen: Nach dem Prinzip der begrenzten Einzelermächtigung[73] bedarf die Gemeinschaft für ein Tätigwerden einer ausdrücklichen, aus dem EGV herzuleitenden Kompetenzzuweisung. Art. 5 Abs. 1 EGV gestattet der Gemeinschaft nur ein Tätigwerden *innerhalb der Grenzen der ihr in diesem Vertrag zugewiesenen Befugnisse und gesetzten Ziele*. In diesem Zusammenhang ist daran zu erinnern, daß auch das in Art. 13 EGV normierte Diskriminierungsverbot nur innerhalb der *auf die Gemeinschaft übertragenen Zuständigkeiten* Wirksamkeit zu erlangen vermag. Der Gemeinschaft kommt damit – anders als dem Staat – keine

[73] S. zum Grundsatz allgemein nur *Oppermann*, Europarecht, 2. Aufl. 1999, Rn. 513 ff.

Kompetenz-Kompetenz zu; vielmehr ergibt sich aus Art. 5 Abs. 1 EGV eine Vermutung für die Zuständigkeit der Mitgliedstaaten[74].

Wie schon ein flüchtiger Blick auf die Aufgaben- und Kompetenzzuweisungen in Art. 2 und 3 EGV offenbart, hat die Gemeinschaft keine Regelungskompetenz für die Materien „Religion und Weltanschauung" *als solche*. Gleiches gilt – wie schon der Begriff nahelegt – für das Staatskirchenrecht als institutionelles Recht[75].

Damit ist indes nur gesagt, daß die Gemeinschaft nicht *zielgerichtet* in den genannten Materien tätig werden darf. Daraus den weitergehenden Schluß zu ziehen, daß der Gemeinschaft ein Tätigwerden bereits dann verwehrt wäre, wenn die genannten Materien *berührt* sind, wäre zumindest voreilig. Richtig ist, daß die Gemeinschaft die Religions- und Weltanschauungsgemeinschaften nicht in dieser Eigenschaft (und meist auch nicht in ihrer Eigenart) in den Blick nimmt. Vielmehr wendet sich das Europarecht – unmittelbar oder mittelbar – an jeden Unionsbürger, mag er auch – individuell oder korporativ – in seiner Religion oder in seiner Weltanschauung betroffen sein[76]. Daraus folgt: Verfügt die Gemeinschaft in bezug auf eine Sachmaterie über eine aus dem Gemeinschaftsrecht abgeleitete Regelungskompetenz, kann sie grundsätzlich auch Rechtsakte setzen, die auf Religion, Weltanschauung und Staatskirchenrecht Auswirkungen haben[77]. Anders gewendet: Das europäische Gemeinschaftsrecht regelt religionsrechtliche Sachverhalte nicht unmittel-

[74] *Calliess*, in: ders./Ruffert (Hrsg., Fn. 14), Art. 5 Rn. 12 m.w.Nachw.

[75] *Hollerbach*, ZevKR 35 (1990), 250 (268); *Robbers*, in: HdbStKirchR I (Fn. 31), S. 315 (318); *Frhr. von Campenhausen*, Staatskirchenrecht, 3. Aufl. 1996, S. 409 f.; *Link*, ZevKR 42 (1997), 130 (131); *Hillgruber*, DVBl 1999, 1155 (1177); *Ehlers*, in: Pieroth (Hrsg., Fn. 28), S. 85 (103); *de Wall*, ZevKR 45 (2000), 157 (159).

[76] Vgl. *de Wall*, ZevKR 45 (2000), 157 (160).

[77] Auf diesen Umstand hat erstmals *Bleckmann*, in: ders./Roes/Oberreuter/Broglio/Robert, Wahlen zum Europäischen Parlament. Stellungnahmen der Kirchen und der Christen, 1982, S. 3 (21 ff.), aufmerksam gemacht. – Ausführlich *Streinz*, Essener Gespräche 31 (1997), S. 53 (71 ff.); s. weiter *Hillgruber*, DVBl 1999, 1155 (1177); *Heintzen*, in: FS Listl, S. 29 (30); *Ehlers*, in: Pieroth (Hrsg., Fn. 28), S. 85 (103 f.); *de Wall*, ZevKR 45 (2000), 157 (160 ff.).

bar, es wirkt vielmehr mittelbar auf sie ein – was sich gerade auf diesen Gebieten nicht selten erst in der Folge der Rechtsetzung offenbart[78].

Eine generelle Exemtion der Materien Religion, Weltanschauung und Staatskirchenrecht vom Anwendungsbereich des Gemeinschaftsrechts käme nur noch dann in Betracht, wenn für diese eine sog. „Bereichsausnahme“[79] bestünde. Indes ist der EuGH in ständiger Rechtsprechung nur dann bereit, eine derartige Bereichsausnahme anzuerkennen, wenn sie sich aus besonderen Bestimmungen des EGV[80] ergibt. In allen übrigen Fällen pflegt der Gerichtshof knapp zu bemerken, der Umstand, daß eine bestimmte Materie der Gemeinschaft kompetentiell nicht zugewiesen sei, bedeute nicht, daß diese „vollständig der Anwendung des Gemeinschaftsrechts entzogen wäre(n)“[81]: Daß kaum noch ein Lebensbereich „gemeinschaftsrechtsfest“ ist, mußte bereits der Sport in der *Bosman*-Entscheidung[82] und das Militär in den Urteilen *Sirdar*[83] und *Kreil*[84] zur Kenntnis nehmen[85]. Für Religion, Weltanschauung und Staatskirchenrecht gilt insoweit nichts anderes: Eine generelle Bereichsausnahme für diese Materien besteht nicht[86].

[78] Dazu mit Beispielsfällen *Ehlers*, in: Pieroth (Hrsg., Fn. 28), S. 85 (104 f.).
[79] Allgemein zu diesem Topos *Streinz*, Europarecht, 4. Aufl. 1999, Rn. 696 f.
[80] So in Art. 30, 39 Abs. 4, 46 Abs. 1, 296 Abs. 1, 297 EGV.
[81] So zuletzt EuGH, Slg. 2000, I-69 (103) – *Kreil*.
[82] EuGH, Slg. 1995, I-4921.
[83] EuGH, Slg. 1999, I-7403.
[84] EuGH, Slg. 2000, I-69.
[85] Weitere Beispiele bei *Streinz*, Essener Gespräche 31 (1997), 53 (69 f.).
[86] *Link*, ZevKR 42 (1997), 130 (134); *Heintzen*, in: FS Listl, S. 29 (36); *Lecheler*, in: FS Leisner, 1999, S. 39 (44); *Jeand'Heur/Korioth* (Fn. 33), Rn. 370.

2. *Ausübung der Kompetenz*

Im Verhältnis zu den Mitgliedstaaten liegt die rechtliche Brisanz des Gemeinschaftshandelns auf den Gebieten Religion, Weltanschauung und Staatskirchenrecht weniger in der Kompetenz als solcher, sondern in deren Ausübung. Hierbei ist die Gemeinschaft nicht völlig frei, sondern an gemeinschaftsrechtliche wie an mitgliedstaatliche Kompetenzschranken gebunden.

a) Subsidiaritätsprinzip. Das in Art. 5 Abs. 2 EGV verankerte Subsidiaritätsprinzip[87] ist eine Kompetenz*ausübungs*schranke[88], welche die Wahrnehmung einer Kompetenz an das negative Kriterium der Insuffizienz auf nationaler und an das positive Kriterium der Effizienz auf gemeinschaftlicher Ebene bindet. Mangels ausschließlicher Zuständigkeit der Gemeinschaft unterfällt das Tätigwerden der Gemeinschaft in den Materien Religion, Weltanschauung und Staatskirchenrecht grundsätzlich dem Anwendungsbereich des Subsidiaritätsprinzips. Ob sich dieses allerdings auch wirksam effektuieren läßt, ist damit noch nicht ausgemacht: Das Gemeinschaftsrecht wirkt auf religionsrechtliche Materien zumeist nur mittelbar ein, verfolgt in der primären Zielrichtung aber andere integrationspolitische Zielsetzungen. Daher dürfte der vorzunehmende wertende Vergleich zwischen zusätzlichem Integrationsgewinn für die Gemeinschaft und mitgliedstaatlichem Kompetenzverlust[89] im Hinblick auf die Materien Religion, Weltanschauung und Staatskirchenrecht kaum zu Lasten der Gemeinschaft ausfallen. Das Subsidiaritätsprinzip stellt somit allenfalls in Ausnahmefällen eine wirksame

[87] Umfassend dazu *Calliess*, Subsidiaritäts- und Solidaritätsprinzip in der EU, 2. Aufl. 1999, S. 76 ff.

[88] *Calliess*, in: ders./Ruffert (Hrsg., Fn. 14), Art. 5 EGV Rn. 2.

[89] Zu diesem Kriterium *Calliess*, in: ders./Ruffert (Hrsg., Fn. 14), Art. 5 EGV Rn. 44.

Schranke für das Handeln der Gemeinschaft auf diesen Gebieten dar[90].

b) Achtung der nationalen Identität der Mitgliedstaaten. Nach Art. 6 Abs. 3 EUV „achtet" die Union die nationale Identität der Mitgliedstaaten. Diese Bestimmung wurde erstmals durch den Maastrichter Vertrag im Gemeinschaftsrecht verankert und sollte Befürchtungen der Mitgliedstaaten vor einer möglichen Entstaatlichung und ihrer schrittweisen Auflösung im Rahmen der Europäischen Union begegnen[91]. Vor diesem Hintergrund rechnen nicht nur die Staatlichkeit und die Souveränität der Mitgliedstaaten zu deren Identität, sondern darüber hinaus auch ein Mindestbestand an Werten aus verschiedenen Bereichen menschlichen Zusammenlebens, die das Wesen und das Selbstverständnis des jeweiligen Staates prägen[92]. Die so verstandene *nationale* Identität ist nicht gleichbedeutend mit der *Verfassungs*identität des Nationalstaates[93], diese muß weder zu jener rechnen[94] noch sich in jener erschöpfen. Der Rekurs auf den mitgliedstaatlichen Verfassungskern – in Deutschland Art. 79 Abs. 3 GG – dürfte für die Frage nach der

[90] *Link*, ZevKR 42 (1997), 130 (134); *Streinz*, Essener Gespräche 31 (1997), 53 (71); *Heintzen*, in: FS Listl, S. 29 (35); *Bausback*, EuR 2000, 261 (266); *Vachek* (Fn. 19), S. 255 ff.; optimistischer *Robbers*, Essener Gespräche 27 (1993), 81 (86); *ders.*, in: HdbStKirchR I (Fn. 31), S. 315 (323 f.).

[91] *Hilf*, in: Grabitz/ders. (Hrsg., Fn. 20) Art. F EUV Rn. 4; *ders.*, in: GS Grabitz, 1995, S. 157 (161); *Puttler*, in: Calliess/Ruffert (Hrsg., Fn. 14), Art. 6 EUV Rn. 190; *Bleckmann*, JZ 1997, 265.

[92] *Hilf*, in: Grabitz/ders. (Hrsg., Fn. 20), Art. F EUV Rn. 7; *ders.*, in: GS Grabitz, S. 157 (163 f.); *Puttler*, in: Calliess/Ruffert (Hrsg., Fn. 14), Art. 6 EUV Rn. 191.

[93] *Hilf*, in: GS Grabitz, S. 157 (163); *Puttler*, in: Calliess/Ruffert (Hrsg., Fn. 14), Art. 6 EUV Rn. 191.

[94] Einen deutlichen Beleg hierfür liefert Portugal: Nach Art. 288 lit. c) der Portugiesischen Verfassung von 1976 kann die in Art. 41 Abs. 4 bestimmte Trennung von Staat und Kirche auch nicht im Wege der Verfassungsänderung revidiert werden. Daraus aber den Schluß zu ziehen, das Trennungsprinzip gehörte zur nationalen Identität Portugals, wäre schon in Anbetracht der wechselvollen Geschichte der Beziehungen von Staat und Kirche unhaltbar. Zu den historischen Verhältnissen s. *Canas*, in: Robbers (Hrsg., Fn. 71), S. 281.

nationalen Identität nicht sonderlich ergiebig sein, da dessen wesentliche Bestandteile schon nach Art. 6 *Abs. 1* EUV für die Mitgliedstaaten verbindlich sind. Art. 6 Abs. 3 EUV muß daher schon rechtslogisch ein weitergehender Gehalt zukommen.

Vor diesem Hintergrund bestehen keine Bedenken, auch das Grundgefüge der Beziehungen zwischen dem Staat und der Kirche bzw. den Religions- und Weltanschauungsgemeinschaften zum Bestandteil der nationalen Identität eines Mitgliedstaates zu rechnen[95]. Diese Beziehungen sind historisch gewachsen und vielfach, mitunter unbewußt, auch für die Gegenwart prägend. Ein Blick auf verschiedene Mitgliedstaaten mit ihrer Historie und ihrer gegenwärtigen Verfassungsordnung offenbart die Evidenz der Aussage: Die aufklärerisch vorbereitete und revolutionär verwirklichte laizistische Trennung in Frankreich, die vom König als Oberhaupt geführte englische Nationalkirche als Gegenentwurf zur Universalkirche mit päpstlicher Suprematie, die Reservefunktion der jährlichen Generalversammlung der presbyterianischen Kirche von Schottland als Nationalversammlung in den Jahrhunderten der Suspendierung des schottischen Parlaments, die in Zeiten nationaler wie religiöser Fremdbestimmung begründete und im Zeichen der erlangten Unabhängigkeit bestärkte Verflochtenheit von Staat und orthodoxer Kirche in Griechenland, das nach vielfachen Kämpfen als friedensstiftend erkannte paritätische Koordinationssystem im konfessionell gespaltenen Deutschland belegen hinreichend die Zugehörigkeit institutioneller Staat-Kirche-Beziehungen zur nationalen Identität.

95 *Robbers*, Essener Gespräche 27 (1993), 81 (88); *ders.*, in: HdbStKirchR I (Fn. 31), S. 315 (323); *Link*, ZevKR 42 (1997), 130 (153); *Starck*, Essener Gespräche 31 (1997), 5 (21 ff.); *Streinz*, ebd., 53 (83); *Haedrich*, in: Bald/Martin (Hrsg.), Aufbruch nach der Wende, 1997, S. 68 (77); *Oppermann*, Europarecht (Fn. 73), Rn. 208; *Hillgruber*, DVBl 1999, 1155 (1178); *Heintzen*, in: FS Listl, S. 29 (35); *de Wall*, ZevKR 45 (2000), 157 (159); jüngst *Winter*, in: FS Hollerbach, 2001, S. 893 (898); a.A., auf der Basis der unzulässigen Gleichsetzung von nationaler Identität und Verfassungsidentität, *Vachek* (Fn. 19), S. 273 ff.

Fehlgehend wäre es freilich, „das" jeweilige Staatskirchenrecht in toto zu den Weihen der nationalen Identität zuzulassen, um es dergestalt gemeinschaftsrechtlichen Ingerenzen zu entziehen. Nicht jede Einzelausprägung eines bestimmten staatskirchenrechtlichen Systems ist dergestalt „gemeinschaftsrechtsfest" zu machen; weder Religionsunterricht noch Anstaltsseelsorge, weder Körperschaftsstatus noch staatlicher Kirchensteuereinzug sind als solche derart historisch und aktuell prägend, als daß sie zum normativen Mindestbestand des staatlichen Gemeinwesens gezählt werden könnten. Wohl aber gilt dies für die wesentlichen Strukturprinzipien des nationalen Staatskirchenrechts[96].

Diese tragenden Grundpfeiler des Beziehungsgefüges zwischen Staat und Kirche bzw. Religions- und Weltanschauungsgemeinschaften müssen naturgemäß für jeden Mitgliedstaat gesondert herausgearbeitet werden. Für das deutsche Verfassungsrecht[97] bilden die Institute der Religions- und Weltanschauungsfreiheit (Art. 4 Abs. 1 und 2 GG) und des Verbots der Diskriminierung aus religiösen und weltanschaulichen Gründen (Art. 3 Abs. 3, 33 Abs. 3 GG) gewissermaßen das grundrechtliche Fundament. Diese Prinzipien haben sich gerade in Deutschland in einem wechsel- und mitunter leidvollen historischen Prozeß als Bedingung des Friedens im staatlichen Verband entwickelt[98]. Aus dem gleichen Grund ist für die nationale Identität in Deutschland auch das in Art. 140 GG i.V.m. Art. 137 Abs. 1 WRV verankerte Verbot der Staatskirche prägend. Es untersagt als grundsätzliche „Scheidung in der Wurzel"[99] die *institutionelle* Verbindung von Staat und Kirche, ohne damit eine Zusammen-

[96] *Robbers*, Essener Gespräche 27 (1993), 81 (88); *ders.*, in: HdbStKirchR I (Fn. 31), S. 315 (323); *Frhr. von Campenhausen* (Fn. 75), S. 418; *Link*, ZevKR 42 (1997), 130 (153).

[97] Zum folgenden *Robbers*, Essener Gespräche 27 (1993), 81 (88); *ders.*, in: HdbStKirchR I (Fn. 31), S. 315 (328); *Oppermann*, Europarecht (Fn. 73), Rn. 208.

[98] Prägnant zu dieser Friedensfunktion *Mikat*, Zur rechtlichen Bedeutung religiöser Interessen, 1973, S. 17, 33 ff.; näher entfaltend *Heckel*, in: ders. (Fn. 4), S. 647 (657 ff.).

[99] *Hollerbach*, VVDStRL 26 (1968), 57 (62).

arbeit in einzelnen Sachgebieten (Bereich der „gemeinsamen Angelegenheiten“, sog. „res mixtae“) auszuschließen[100]. Spiegelbildlich zum Verbot der Staatskirche ist endlich die Garantie des kirchlichen Selbstbestimmungsrechts (Art. 140 GG i.V.m. Art. 137 Abs. 3 WRV) zu nennen, welches erst die Voraussetzung der Unabhängigkeit für die Sendung der Kirche und das Wirken der Religions- und Weltanschauungsgemeinschaften bildet[101].

In anderen Mitgliedstaaten hingegen ist aufgrund ihrer Tradition, Historie und Verfassung umgekehrt gerade das Bestehen einer Staatskirche Bestandteil der nationalen Identität, so in Großbritannien[102], in Griechenland[103] und in den skandinavischen Staaten Dänemark[104], Schweden[105] und Finnland[106]. Bereits an dieser Stelle ist

[100] *Hesse*, Grundzüge des Verfassungsrechts der Bundesrepublik Deutschland, 20. Aufl. 1995, Neudruck 1999, Rn. 471 f.

[101] *Hesse*, ebd.; umfassend *ders.*, in: HdbStKirchR I (Fn. 31), S. 521 ff.

[102] Präzise: In Großbritannien bestehen drei Staatskirchen, die Kirche von England, die Kirche von Schottland und die anglikanische Kirche von Schottland. Einzelheiten bei *McClean*, in: Robbers (Hrsg., Fn. 71), S. 333; *Heintzen*, in: FS Listl, S. 29 (42); *Robbers*, VVDStRL 59 (2000), 231 (245 f.) m. umfangr. Nachw.

[103] Art. 3 Abs. 1 S. 1 der Verfassung der Republik Griechenland vom 11.06.1975 lautet: „Vorherrschende Religion in Griechenland ist die der Östlich-Orthodoxen Kirche Christi.“ Art. 13 Abs. 3 bestimmt: „Die Geistlichen aller bekannten Religionen unterliegen derselben Staatsaufsicht und haben dieselben Pflichten gegenüber dem Staat wie die der vorherrschenden Religion.“

[104] § 4 der Verfassung des Königreichs Dänemark vom 05.06.1953: „Die Evangelisch-lutherische Kirche ist die dänische Volkskirche und wird als solche vom Staat unterstützt.“ Einführend zur dänischen Verfassungsrechtssituation *Stenbaek*, ZevKR 45 (2000), 221; umfassend jüngst *Hallett*, Staat und Kirche in Dänemark, 2001.

[105] Nr. 9 der Übergangsbestimmungen zur Verfassung des Königreichs Schweden vom 01.01.1975: „Grundlegende Vorschriften über die Schwedische Kirche in ihrer Eigenschaft als Glaubensgemeinschaft ... werden durch Gesetz erlassen, wobei dasselbe Verfahren anzuwenden ist wie bei der Verabschiedung der Hauptbestimmungen der Geschäftsordnung des Reichstags.“ Näheres, insbes. zu den im Jahre 2000 in Kraft getretenen Änderungen *Robbers*, in: FS Hollerbach, S. 907 (910 ff.).

[106] § 76 Abs. 1 des Finnischen Grundgesetzes vom 01.03.2000: „Die Bestimmungen über die Organisation und Verwaltung der Evangelisch-Lutherischen Kirche sind im Gesetz über die Kirche niedergelegt.“ Überdies ist auch die in Karelien vorherrschende orthodoxe Kirche Staatskirche; Einzelheiten bei *Kotiranta*, ZevKR 45 (2000), 233.

darauf hinzuweisen, daß ein System der Staatskirche auch mit Art. 9 EMRK in Übereinstimmung steht[107].

Der rechtliche Schutzgehalt des Achtungsgebots ist deutlich höher als derjenige des Subsidiaritätsprinzips. Art. 6 Abs. 3 EUV beinhaltet nach seinem Wortlaut wie nach Sinn und Zweck der Norm – sofern ein Mitgliedstaat die Beeinträchtigung seiner nationalen Identität geltend macht – eine Rechtspflicht der Union zur Unterlassung[108].

c) Nationale Integrationsschranken. Überdies ist die Regelungskompetenz der Gemeinschaft durch nationale Integrationsschranken beschränkt, wie sie in Deutschland Art. 23 Abs. 1 GG setzt. Für die hier zu untersuchenden Fragenkreise bedarf es nicht des näheren Eingehens auf Umfang und Reichweite der durch diese Vorschrift vermittelten Integrationsermächtigung im Hinblick auf die Übertragung von Hoheitsrechten[109]. Vielmehr genügt an dieser Stelle die grundsätzliche Überlegung, daß die Bundesrepublik Deutschland nur etwas „übertragen" kann, worüber sie von Verfassungs wegen selbst verfügt: Nemo plus iuris transferre potest quam ipse habet[110]. In Bereichen, in denen bereits dem Mitgliedstaat keine Regelungskompetenz zukommt, besitzt sie auch die Gemeinschaft nicht. Be-

[107] EKMR, DR 5, 157 (158); EGMR, NJW 1991, 1404 – *Darby*; *Blum* (Fn. 8), S. 56, 134 f.; *Frowein*, ZaöRV 46 (1986), 249 (257): „separation of church and State ... is a doctrine not included in the Convention."

[108] *A. Schmitt Glaeser,* Grundgesetz und Europarecht als Elemente Europäischen Verfassungsrechts, 1996, S. 178 ff.; *Heintzen*, in: FS Listl, S. 29 (36); a.A. *Hilf*, in: Grabitz/ders. (Hrsg., Fn. 20), Art. F EUV Rn. 11; *ders*., in: GS Grabitz, S. 157 (164 f.); *Puttler*, in: Calliess/Ruffert (Hrsg., Fn. 14), Art. 6 EUV Rn. 196.

[109] Dazu ausführlich statt aller *Scholz*, in: Maunz/Dürig (Hrsg.), GG, Art. 23 (Stand: Oktober 1996) Rn. 78 ff.

[110] Dig. 50, 17, 54.

stehende verfassungsrechtliche Integrationsermächtigungen gehen ins Leere[111].

Relevanz erlangt diese Überlegung insbesondere für den Komplex der sog. „innerkirchlichen Angelegenheiten“[112]. Für die hier interessierenden Aspekte bedarf es keiner umfassenden gegenständliche Umschreibung dieses Bereichs[113], zu ihm rechnen im deutschen Verfassungsrecht aufgrund der religiös-weltanschaulichen Neutralität des Staates[114] jedenfalls Kultus und Sakramentenverwaltung, Lehre und Verkündigung sowie das kirchliche Ämterrecht[115]. Zur Regelung dieser Materien fehlt der staatlichen wie der gemeinschaftlichen Rechtsordnung schlechterdings die Kompetenz: Die politische Ordnung ist auf weltliche Angelegenheiten und Zwecke beschränkt; für den geistlich-religiös-weltanschaulichen Bereich ist sie inkompetent[116]. Es ist wohl ein Resultat der schon kritsch angesprochenen technizistischen Subsumtion unter gemeinschaftsrechtliche Normen, wenn dieser an sich selbstverständliche Befund in Ausnahmebestimmungen des Sekundärrechts eigens „geregelt“ oder von Stimmen in der Literatur aufwendig „begründet“ wird: Bei formali-

[111] Die hier in Rede stehende Konstellation unterscheidet sich grundlegend von derjenigen, daß der Bund *fremde* Hoheitsrechte (diejenigen der Länder) überträgt. In der letztgenannten Konstellation sieht die h.M. im „nemo-pluris-iuris“-Grundsatz mit Recht kein Hindernis für eine Kompetenzübertragung, dazu *Randelzhofer*, in: Maunz/Dürig (Hrsg.), GG, Art. 24 Abs. I (Stand: Dezember 1992) Rn. 39. Hier geht es indes darum, daß innerstaatlich überhaupt *keine* Hoheitsrechte (weder des Bundes noch der Länder) bestehen: Was rechtlich nicht besteht, kann auch nicht übertragen werden. Vgl. zum Problem schon *Thieme*, VVDStRL 18 (1960), 50 (62 f.); *D. Küchenhoff*, DÖV 1963, 161 (165 f.).

[112] Ebenso *Bleckmann*, Von der individuellen Religionsfreiheit des Art. 9 EMRK zum Selbstbestimmungsrecht der Kirchen, 1995, S. 7.

[113] Dazu umfassend *Hesse*, in: HdbStKirchR I (Fn. 31), S. 521 (538 ff.).

[114] In der Rechtsprechung zum Grundsatz erstmals BVerfGE 18, 385 (386), seitdem st.Rspr., zuletzt BVerfGE 93, 1 (16 f.) m.w.Nachw.; aus der Literatur *Hollerbach*, in: Isensee/P. Kirchhof, HdbStR VI, 2. Aufl. 2001, § 138 Rn. 111; *Badura*, in: HdbStKirchR I (Fn. 31), S. 211 (223 ff.).

[115] Vgl. *Hollerbach*, ZevKR 35 (1990), 250 (277); *Link*, ZevKR 42 (1997), 130 (135 f.); *Robbers*, in: HdbStKirchR I (Fn. 31), S. 315 (321); *Vachek* (Fn. 19), S. 399; aus der Rspr. BVerfGE 42, 312 (334 f.); 66, 1 (21).

[116] *Böckenförde*, in: ders., Staat, Nation, Europa, 1999, S. 256 (261 ff.).

stischer Betrachtungsweise mag der kirchliche Amtsträger dem vom EuGH entwickelten Arbeitnehmerbegriff des Gemeinschaftsrechts[117] entsprechen. Das bedeutet indes nicht, daß deswegen der Priester oder gar der Bischof zu „Arbeitnehmern" würden, denen erst Ausnahmeklauseln von EG-Richtlinien[118] die Zelebration einer Mitternachtsmesse oder die Teilnahme an einer längeren Wallfahrt gestatteten[119]. Ebenso wenig bedarf es der mitunter angestellten aufwendigen „Begründungen"[120], weshalb es trotz des Art. 13 EGV und der neuen Gleichbehandlungs-Richtlinie die – von den einen ersehnte, von anderen befürchtete – „katholische Priesterin kraft europäischen Rechts"[121] nicht geben wird.

3. Fazit

Die Gemeinschaft verfügt zwar über keine unmittelbare Kompetenz in den Materien Religion, Weltanschauung und Staatskirchenrecht. Sie kann jedoch bei Vorliegen einer entsprechenden Regelungskompetenz Rechtsakte setzen, die auf diese Materien Auswirkungen haben. In diesem Sinne läßt sich von einer mittelbaren Sachkompetenz zur Regelung religionsrechtlicher Sachverhalte i.w.S. sprechen. Hierbei ist sie einerseits an die beschriebenen Kompetenz(ausübungs)schranken gebunden; zum anderen hat sie die materiellen Erfordernisse der Religions- und Weltanschauungsfreiheit zu beachten. Dieser gilt es nun in einem dritten Schritt Konturen zu verleihen.

117 EuGH, Slg. 1986, 2121 (2144), Tz. 16 f. – *Lawrie Blum*: wenigstens zeitweise Erbingung von Leistungen für einen anderen nach dessen Weisung gegen Vergütung.

118 Fn. 26.

119 So indes (ernsthaft?) *Vachek* (Fn. 19), S. 310, 382. – Zutreffend *Hollerbach*, ZevKR 35 (1990), 250 (277).

120 *Vachek* (Fn. 19), S. 315.

121 So süffisant *Rüfner*, in: FS Carl Heymanns Verlag, S. 485 (488).

IV. Interdependenzen von Gemeinschaftsrecht und nationalem Recht

1. Entwicklung einer gemeinschaftsrechtlichen Religions- und Weltanschauungsfreiheit

Die Religions- und Weltanschauungsfreiheit berührt zwei unterschiedliche Ebenen, die grundrechtliche und die staatskirchenrechtliche[122]. Als *Grundrecht* ist sie Ausdruck der allgemeinen menschenrechtlichen Idee der Religions- und Weltanschauungsfreiheit[123]. Deswegen ist sie universell und gilt für jedwede Religion und Weltanschauung. Sie entfaltet sich in individueller wie in korporativer Hinsicht. *Staatskirchenrechtlich* dagegen stellt das Verhältnis von Staat und Kirche bzw. Religions- und Weltanschauungsgemeinschaften autochthones, spezifisch nationales Recht dar[124]. Beide Ebenen sind miteinander verwoben: Das Staatskirchenrecht steht auf der grundrechtlichen Basis der Religions- und Weltanschauungsfreiheit; umgekehrt wirkt das Beziehungsgefüge von Staat und Kirche naturgemäß auf den Gehalt der grundrechtlichen Gewährleistung ein[125]. Aus derartigen Interdependenzen von Grundrecht und Staatskirchenrecht können indes keine allgemeinen Rechtsprinzipien abgeleitet werden: Die Religions- und Weltanschauungsfreiheit fordert weder ein bestimmtes staatskirchenrechtliches Gefüge noch steht es

122 Konziser Aufriß zum folgenden: *Isensee*, Diskussionsbeitrag, VVDStRL 59 (2000), 323 (324).

123 Programmatisch *Kimminich*, Religionsfreiheit als Menschenrecht, 1990; s. auch *Robbers*, in: FS Listl, S. 201.

124 Terminus von *Isensee*, in: FS Listl, S. 67 (72).

125 Dazu schon sub I.

einem solchen entgegen[126]. Damit sind – aus sachlichen, nicht nur aus methodischen Disziplinierungsgründen – drei Dimensionen der Religions- und Weltanschauungsfreiheit zu unterscheiden: die individuelle, die korporative und die institutionelle.

a) *Rechtsquelle und Rechtserkenntnisquellen*[127] *der gemeinschaftsrechtlichen Religions- und Weltanschauungsfreiheit.* Die Rechtsquelle für die Gemeinschaftsgrundrechte entspringt seit dem Vertrag von Maastricht dem Primärrecht (Art. F Abs. 2 EUV; jetzt Art. 6 Abs. 2 EUV). Das ausdrückliche Bekenntnis zur Achtung der Grundrechte löst den in der Rechtsprechung des EuGH entwickelten Rückgriff auf die „allgemeinen Grundsätze des Gemeinschaftsrechts" als Rechtsquelle ab. Das Primärrecht enthält indes unverändert keinen Katalog einzelner *Grundrechte*[128]. Stattdessen benennt es – in kodifikatorischer Rezeption der Rechtsprechung des EuGH[129] – zwei Rechtserkenntnisquellen für die Gemeinschaftsgrundrechte, die EMRK und die gemeinsamen Verfassungsüberlieferungen der Mitgliedstaaten[130].

[126] Eingehend *H. Weber*, ZevKR 45 (2000), 109 (147 ff.).

[127] Zu diesen Kategorien *Kingreen*, in: Calliess/Ruffert (Hrsg., Fn. 14), Art. 6 EUV Rn. 33 m.w.Nachw.; *Albers*, in: dies./Heine/Seyfarth (Hrsg., Fn. 45), S. 129 (138).

[128] Ob die EU-Grundrechte-Charta (sub II. 1. c) in das Primärrecht übernommen wird, ist gegenwärtig nicht absehbar; die Frage steht auf der Agenda des sog. Post-Nizza-Prozesses", s. dazu die dem Vertrag von Nizza angeschlossene Erklärung Nr. 23 zur Zukunft der Union, ABl. EG, Nr. C 80 vom 10.03.2001, S. 85 (Nr. 5); rechtspolitischer Vorschlag für die Integration der Grundrechte-Charta in den Unionsvertrag bei *Calliess*, EuZW 2001, 261 (268).

[129] Grdl. in der Rspr. EuGH, Slg. 1970, 1125 (1135), Tz. 4 – *Internationale Handelsgesellschaft* (gemeinsame Verfassungsüberlieferungen) sowie EuGH, Slg. 1974, 491 (507), Tz. 13 – *Nold* (EMRK).

[130] Methodisch wie inhaltlich ist hier vieles noch ungeklärt, so insbes. das Verhältnis der beiden Rechtserkenntnisquellen zueinander. Dazu *Kingreen*, in: Calliess/Ruffert (Hrsg., Fn. 14), Art. 6 EUV Rn. 38 m.w.Nachw. – Diese Frage ist aber, wie der weitere Gang der Untersuchung erweisen wird, bei der Entwicklung der Religions- und Weltanschauungsfreiheit eher nachrangig.

b) *Gewährleistungen der EMRK.* Die EMRK verbürgt in Art. 9 allgemein die Gedanken-, Gewissens-, und Religionsfreiheit sowie in Art. 2 des 1. Zusatzprotokolls deren spezifische Ausprägungen als Elternrecht im Hinblick auf das staatliche Schulwesen. In diesem Zusammenhang kann es nicht um eine umfassende Darlegung dieser Konventionsrechte gehen[131], vielmehr sollen die für die Entwicklung der gemeinschaftsrechtlichen Religions- und Weltanschauungsfreiheit wesentlichen Grundlinien aufgezeigt werden.

aa) *Bezugspunkte.* Die in Art. 9 Abs. 1 EMRK verbürgten Freiheiten beziehen sich auf Religion und Weltanschauung gleichermaßen. Diese sind zunächst außer- bzw. vorrechtliche Phänomene, im Kontext eines verbindlichen Regelwerkes indes primär[132] Rechtsbegriffe[133]. Insoweit sind sie nach juristischen Grundsätzen zu behandeln, nicht nach den dem „Ur-Begriff" zugrunde liegenden theologischen oder philosophischen Kautelen. Die notwendige inhaltliche Bestimmung kann aus Gründen der Neutralität nicht mehr als die Setzung eines säkularen Rahmenrechts leisten. Die Begriffe „Religion" und „Weltanschauung" im juristischen Sinn können nur allgemeine, von bestimmten religiösen, theologischen oder philosophischen Vorgaben abstrahierte Maßstäbe umfassen[134].

Für den Begriff „Religion" gilt im Rahmen der EMRK nichts anderes als im nationalen Verfassungsrecht: Geschützt ist *jede* Religion, ob Mehrheitsbekenntnis oder Diasporakirche, ob etabliert oder neu, ob diesem oder einem anderen Kulturkreis entstammend. Der Schutz der Religionsfreiheit ist weder an vage „Kulturvölker-Vorbehalte"[135] gebunden noch an die Anerkennung einer Gemein-

[131] Nachw. o. Fn. 19.

[132] Zur „Doppelbödigkeit" derartiger Begriffe *Isensee*, Wer definiert die Freiheitsrechte?, 1980, S. 49 f.

[133] Wertvolle historische Vertiefung bietet *Heun*, ZRG 117 Kan. Abt. 86 (2000), 334.

[134] Näher entfaltet bei *Heckel*, in: ders. (Fn. 4), S. 647 (676 ff.); ihm folgend *H. Weber*, ZevKR 45 (2000), 109 (121 f.).

schaft als Religionsgemeinschaft durch die öffentliche Gewalt. Diese kann freilich nach äußeren Kriterien der mißbräuchlichen Berufung auf die Religionsfreiheit entgegentreten[136].

Schwieriger ist die Bestimmung des Terminus „Weltanschauung". Die deutsche Sprache versteht darunter – umgangssprachlich, philosophisch[137], juristisch[138] – ein bestimmtes Gedankengebäude von gewisser Geschlossenheit und Breite. Nach Art. 66 EMRK sind allerdings nur der englische und der französische Wortlaut verbindlich; die Parallelbegriffe „belief" bzw. „conviction" könnten ihrem Wortsinn nach auch die persönliche Überzeugung in einer Einzelfrage bedeuten. Eine solche reicht allerdings nicht aus, nach der Entscheidungspraxis der EKMR ist eine „gewisse zusammenhängende Sicht über grundsätzliche Fragen" erforderlich[139].

bb) *Sachliche Gewährleistungen.* Inhaltlich entspricht Art. 9 Abs. 1 EMRK weitgehend den aus der grundgesetzlichen Verbürgung des Art. 4 Abs. 1 und 2 GG bekannten Linien: Geschützt sind Religion und Weltanschauung als solche, ihr Bekenntnis und ihre Ausübung, wobei die EMRK noch beispielhaft einige Formen nennt. Die Freiheit ist als positive wie als negative gewährleistet. Letztere entfaltet sich etwa darin, als Nichtmitglied keine Kirchensteuer zu einer Staatskirche zahlen zu müssen[140], in der staatlichen Schule keine (religiöse oder weltanschauliche) Indoktrination hinnehmen zu müs-

135 So noch BVerfGE 12, 1 (4); 24, 236 (246).

136 Zu den Kriterien BVerfGE 83, 341 (353). – Auf gleicher Linie liegt aus der Konventionspraxis EKMR, DR 11, 55 (56).

137 Erstmals verwendet den Begriff *Immanuel Kant*, Kritik der Urteilskraft, 1790, § 26: „Anschauung der Welt als rein sinnliche Gegebenheit".

138 Vgl. nur *Herzog*, in: Maunz/Dürig (Hrsg.), GG, Art. 4 (Stand: 1988) Rn. 67: „Metaphysische(n) Gedankensysteme ..., die über eine ähnliche Geschlossenheit und Breite verfügen wie die im abendländischen Kulturkreis bekannten Religionen".

139 EKMR, DR 24, 137 (138): „some coherent view on fundamental problems"; zusammenfassend zum Problem *Blum* (Fn. 8), S. 78 f.

140 EGMR, NJW 1991, 1404 – *Darby;* vgl. aus der deutschen Rspr. etwa BVerfGE 19, 206 (215 ff.).

sen[141] oder als Parlamentarier keinen religiösen Amtseid leisten zu müssen[142].

Eine scheinbare weitere Facette der negativen Freiheit ist die ausdrücklich erwähnte Freiheit zum Wechsel der Religion und Weltanschauung. In aller Regel wird freilich der Glaubenswechsel auf einen von außen kommenden Anstoß zurückzuführen sein, vor allem durch persönliche Begegnungen in werbender Absicht, durch Gespräche und Schriften. So stellt sich bei näherer Betrachtung die vermeintliche negative Freiheit wenigstens spiegelbildlich als positive dar, als Gewährleistung der Glaubenswerbung, der religiösen und weltanschaulichen Mission. Die textlich herausgehobene Gewährleistung dieses zentralen Aspekts der Religionsfreiheit[143] ist keineswegs obsolet, wie die wiederholte Befassung des EGMR mit Fällen aus Griechenland zeigt[144]: Die griechische Verfassung verbietet den Proselytismus i.S.d. unlauteren Missionierung[145]. Aufgrund dessen wurden mehrfach strafrechtliche Verurteilungen von Zeugen Jehovas verhängt, u.a. auch in einem Fall der eher unverfänglichen Diskussion über Glaubensfragen bei Gelegenheit eines privaten Besuchs[146]. Vor dem Hintergrund der eingangs konstatierten religiösen Pluralisierungstendenzen[147] kommt diesem Gesichtspunkt eine

141 EGMR, EuGRZ 1976, 478 (485), Tz. 53 – *Kjeldsen.*

142 EGMR, NJW 1999, 2957 – *Buscarini;* ähnlich in der deutschen Rspr. BVerfGE 79, 69 (Kommunalmandat).

143 Mitunter wird von einer „main expression" der Religionsfreiheit gesprochen, Nachw. bei *Fiedler*, VVDStRL 59 (2000), 199 (212). Glaubenswerbung und -mission verbürgt explizit Art. 19 der Verfassung der Republik Italien vom 27.12.1947; BVerfGE 12, 1 (4 f.) unterstellt sie dem Schutzbereich von Art. 4 Abs. 1 und 2 GG. – Das religiöse Selbstverständnis der Mission dokumentiert exemplarisch can. 781 CIC/1983: „Die ganze Kirche ist ihrer Natur nach missionarisch".

144 Aufschlußreich zum folgenden *Blum* (Fn. 8), S. 71 f.; *Bleckmann* (Fn. 112), S. 146 ff.; *Fiedler*, VVDStRL 59 (2000), 199 (211 f.).

145 Art. 13 Abs. 2 S. 3 der Verfassung der Republik Griechenland vom 11.06.1975 lautet: „Proselytismus ist verboten". Zur einfachgesetzlichen Umsetzung durch das Strafrecht s. *Bleckmann*, ebd.

146 EGMR, ÖJZ 1994, 59 – *Kokkinakis.*

147 Sub I.

weitergehende, bislang wenig erkannte Aktualität und Brisanz zu: Zu verweisen ist einmal darauf, daß die orthodoxen Kirchen in Osteuropa jedwedes Tätigwerden anderer Glaubensgemeinschaften als Proselytismus betrachten[148]. Andererseits sieht der Islam im Glaubenswechsel den Abfall vom wahren Glauben und bestraft ihn als Apostasie mit dem Tode. Bezeichnenderweise nehmen islamische Menschenrechtserklärungen den Glaubenswechsel vom Geltungsbereich der Religionsfreiheit aus[149].

Weiter beinhaltet der Schutzbereich unter Umständen auch die Pflicht des Staates zur positiven Religions- und Weltanschauungspflege[150]. Bedeutung erlangt diese Pflicht in Konstellationen, in denen dem einzelnen ohne staatliches Zutun die Ausübung seiner Religion oder Weltanschauung nicht möglich ist. Das ist insbesondere im Bereich der im deutschen Recht so bezeichneten „besonderen Gewaltverhältnisse" der Fall, wie die Kommissionsorgane wiederholt für den Bereich des Strafvollzugs entschieden haben[151]. Inhalt dieser Pflicht ist freilich nicht, daß sich religiöse oder weltanschauliche Belange in jedem Fall auch durchsetzen, sondern vielmehr, daß die Behörden diese Belange zu berücksichtigen haben. Diese Berücksichtigungspflicht richtet sich ausschließlich gegen den

[148] Aktuell die Debatten im Vorfeld des Besuchs von Papst *Johannes Paul II.* in der Ukraine im Juni 2001, dazu *Ludwig*, Wo an Ökumene noch nicht einmal gedacht wird. Die orthodoxen Kirchen der Ukraine verbünden sich nur, wenn sie die Katholiken fürchten, FAZ, Nr. 49 v. 27.02.2001, S. 6. – 1997 hatte die russische Staatsduma auf Druck der orthodoxen Hierarchie das (für andere Glaubensgemeinschaften restriktive) „Bundesgesetz über die Freiheit des Gewissens und die religösen Vereinigungen" beschlossen (Abdruck: EuGRZ 1997, 527). Auf dessen Basis wurde im Dezember 2000 von einem Moskauer Gericht der Heilsarmee mit der erstaunlichen Begründung die Tätigkeit verboten, sie sei eine „militarisierte Formation", s. dazu NJW 2001, Heft 2, S. XLIII.

[149] Dazu zuletzt *H. Weber*, ZevKR 45 (2000), 109 (117) m.w.Nachw.; umfassend zum Menschenrecht der Religionsfreiheit und des Religionswechseln in islamischen Staaten *Forstner*, Kanon. Kirche und Staat im christlichen Osten X (1991), 105 (insbes. 110 ff.).

[150] *Frowein*, ZaöRV 46 (1986), 249 (258 f.); *ders.*, in: ders./Peukert (Fn. 19), Art. 9 Rn. 8

[151] EKMR, YB 8, 174 (184); DR 1, 41 (42); 5, 8 f.; vgl. auch für das Lehrerverhältnis EKMR, DR 22, 27 (33 ff.); zu dieser Praxis *Frowein*, ZaöRV 46 (1986), 249 (258 f.); *Blum* (Fn. 8), S. 106 ff.

Staat. Inwieweit dieser darüber hinaus auch verpflichtet ist, zum Schutz von Religion und Weltanschauung gegen das Verhalten *Dritter* einzuschreiten, ist eine hiervon zu trennende Frage, die unter dem Aspekt der Schutzpflicht behandelt wird[152].

Abgerundet wird der Inhalt der sachlichen Gewährleistung von einem Diskriminierungsverbot aus Gründen der Religion und Weltanschauung[153]. Indes neigen die Konventionsorgane dazu, diesen Aspekt als Anwendungsfall des allgemeinen Diskriminierungsverbots nach Art. 14 EMRK zu begreifen und eine gesonderte Prüfung des Art. 9 EMRK zu unterlassen[154].

cc) *Personelle Dimension der Gewährleistung*. Wie Art. 4 Abs. 1 und 2 GG scheint auch Art. 9 Abs. 1 EMRK als Individualrecht konzipiert zu sein („jedermann"), wenngleich die Formulierung „in Gemeinschaft mit anderen" bereits auf eine korporative Komponente hindeutet. In Ermangelung einer materiellen Erstreckungsnorm der Konventionsrechte auf Personenmehrheiten (nach dem Vorbild von Art. 19 Abs. 3 GG) hatte die EKMR lange Zeit Religions- und Weltanschauungsgemeinschaften die Berufung auf Art. 9 EMRK versagt[155]. Diese Praxis gab die EKMR erst 1979 auf, indem sie diesen Gemeinschaften, gestützt auf die prozessuale Bestimmung des Art. 25 Abs. 1 Satz 1 EMRK, eine Art Prozeßstandschaft für ihre Mitglieder zubilligte[156]. Mittlerweile ist kaum mehr bestritten, daß

152 Sogleich sub dd).

153 Eingehend *Blum* (Fn. 8), S. 147 ff.

154 EGMR, EuGRZ 1996, 648 (652), Tz. 38 – *Hoffmann*; insoweit kritisch *Frowein*, in: ders./Peukert (Fn. 19), Art. 9 Rn. 7.

155 Überblick zur dieser Rspr. bei *Conring*, Korporative Religionsfreiheit in Europa, 1998, S. 339 ff.

156 EKMR, DR 16, 68 (70), Tz. 2; zur Würdigung *Blum* (Fn. 8), S. 171; *Frowein*, in: ders./Peukert (Fn. 19), Art. 9 Rn. 9; *Hillgruber*, DVBl 1999, 1155 (1177).

Art. 9 EMRK auch die korporative Religions- und Weltanschauungsfreiheit schützt[157].

Konsequenz der Gewährleistung der korporativen Komponente ist weiter der Schutz des Selbstbestimmungsrechts der Religions- und Weltanschauungsgemeinschaften[158]. Die Konventionsorgane haben sich zu dieser Frage noch nicht explizit geäußert, gleichwohl in ihrer Praxis die Existenz des Selbstbestimmungsrechts der Sache nach anerkannt. Für dessen Umfang läßt sich die Unterscheidung zwischen innerkirchlichem Bereich i.e.S.[159] und dem übrigen Tätigwerden der Religions- und Weltanschauungsgemeinschaften fruchtbar machen[160]. In innerkirchlichen Streitigkeiten kommt das Selbstbestimmungsrecht voll zum Tragen. Es ist – wie die EKMR in mehreren Fällen entschieden hat, welche die kirchliche Disziplinargewalt gegenüber ihren Amtsträgern betrafen[161] – ausschließlich Sache der Religions- und Weltanschauungsgemeinschaften, ihre inneren Angelegenheiten festzusetzen und deren Einheitlichkeit sicherzustellen[162]. Im Falle des deutschen evangelischen Pastors *Gerhard Prüssner*, der wegen seiner Ablehnung der Kindstaufe in den Ruhestand versetzt wurde, hat die EKMR ausgeführt[163]:

[157] *Blum* (Fn. 8), S. 170 ff.; *Frowein*, Essener Gespräche 27 (1993), 46 (55); *ders.*, in: ders./Peukert (Fn. 19), Art. 9 Rn. 9; *Robbers*, in: HdbStKirchR I (Fn. 31), S. 315 (316 f.); *Bleckmann* (Fn. 112), S. 27 f.; *Heintzen*, in: FS Listl, S. 29 (37 f.); *Ehlers*, in: Pieroth (Hrsg., Fn. 28), S. 85 (106); *H. Weber*, ZevKR 45 (2000), 109 (147 f.); zurückhaltender *Hillgruber*, DVBl 1999, 1155 (1177).

[158] Eingehend *Bleckmann* (Fn. 112), passim, insbes. S. 27 ff.; ebenso bereits *Hollerbach*, ZevKR 35 (1990), 250 (258) sowie *Blum* (Fn. 8), S. 175 ff.; *Robbers*, in: HdbStKirchR I (Fn. 31), S. 315 (317 f.); *Streinz*, Essener Gespräche 31 (1997), S. 53 (62); *Haedrich*, in: Bald/Martin (Hrsg., Fn. 95), S. 68 (71 f.); *Heintzen*, in: FS Listl, S. 29 (37 f.); *H. Weber*, ZevKR 45 (2000), 109 (148 f.); skeptisch *Hillgruber*, DVBl 1999, 1155 (1177); ablehnend *Vachek* (Fn. 19), S. 407 ff.

[159] Dazu sub III. 2. c), Text zu Fn. 115.

[160] *Bleckmann* (Fn. 112), S. 47 ff.

[161] EKMR, DR 5, 157; EKMR, DR 42, 247 – *Knudsen*; EKMR, NJW 1987, 1131 – *Prüssner*.

[162] Diese Auffassung dürfte unbestritten sein, s. nur *Blum* (Fn. 8), S. 177; *Bleckmann* (Fn. 112), S. 47; *H. Weber*, ZevKR 45 (2000), 109 (148).

[163] EKMR, NJW 1987, 1131, Tz. 2 – *Prüssner*.

„Ferner sind die Geistlichen der Kirche angestellt, um eine bestimmte Religion auszuüben und zu lehren. Ihre individuelle ... Religionsfreiheit üben sie in dem Augenblick aus, indem sie die Anstellung als Geistliche annehmen ... Ihr Recht, die Kirche zu verlassen, sichert ihre Religionsfreiheit für den Fall, daß sie die Lehren der Kirche ablehnen. Mit anderen Worten, Art. 9 ... verpflichtet ... nicht ..., daß Kirchen unter ihrer Herrschaftsgewalt ihren Dienern und Mitgliedern Religionsfreiheit gewähren."

Auch bei den Tätigkeiten der Religions- und Weltanschauungsgemeinschaften außerhalb dieses inneren Bereichs, namentlich im Dienst- und Arbeitsrecht, wird deren Belangen maßgeblich Rechnung getragen. Allerdings haben die Konventionsorgane nicht unmittelbar auf das Selbstbestimmungsrecht der Religions- und Weltanschauungsgemeinschaften Bezug genommen, sondern mit der in der arbeitsrechtlichen Judikatur gängigen Figur des Tendenzschutzes operiert[164]. Zentraler als der dogmatische Anknüpfungspunkt ist der inhaltliche Maßstab, die Eigenart und Eigenständigkeit der spezifischen Sendung der Religions- und Weltanschauungsgemeinschaften, ihrer Lebens- und Organisationsformen angemessen zu erfassen[165].

dd) *Fragen der allgemeinen Grundrechtsdogmatik.* Im Unterschied zu Art. 4 Abs. 1 und 2 GG steht die Freiheit der *Ausübung* von Religion und Weltanschauung[166] unter dem ausdrücklichen Schrankenvorbehalt des Art. 9 Abs. 2 EKMR[167]. Ein Eingriff kann gerechtfertigt sein, wenn er auf einer gesetzlichen Grundlage beruht, einem der genannten Eingriffsziele dient (öffentliche Sicherheit und Ord-

164 EKMR, DR 62, 151– *Rommelfanger.*

165 Insoweit kritisch zur Praxis der EKMR *Blum* (Fn. 8), S. 177; *Robbers*, in: HdbStKirchR I (Fn. 31), S. 315 (317 f.).

166 Der Schrankenvorbehalt des Art. 9 Abs. 2 EMRK bezieht sich allein auf die Ausübungsfreiheit, wie der (verbindliche) englische und französische Text erhellt. Die deutsche Übersetzung ist insoweit zumindest mißverständlich. Dazu *Blum* (Fn. 8), S. 108; *Frowein*, Essener Gespräche 27 (1993), 46 (55); *ders.*, in: ders./ Peukert (Fn. 19), Art. 9 Rn. 23.

167 Umfassend dazu *Blum* (Fn. 8), S. 108 ff.

nung, Gesundheit und Moral, Schutz der Rechte und Freiheiten Dritter) und eine in einer demokratischen Gesellschaft notwendige Maßnahme darstellt, m.a.W. verhältnismäßig ist. Sowohl für die Frage, ob der Eingriff einem der Eingriffsziele dient als auch im Rahmen der Verhältnismäßigkeitsprüfung kommt den Vertragsstaaten nach der ständigen Praxis der Konventionsorgane ein Beurteilungsspielraum zu („margin of appeciation“)[168]. Dieser Topos dient dabei auch als Einfallstor für die Berücksichtigung unterschiedlicher rechtlicher Gegebenheiten und tatsächlicher nationaler Besonderheiten in den Vertragsstaaten, deren Achtung der Charakter der EMRK als völkerrechtlicher Vertrag veranlaßt. In diesem Kontext hat der EGMR auch wiederholt die religionssoziologischen Verhältnisse in einem Vertragsstaat in seiner Entscheidungsfindung berücksichtigt: So hat der Gerichtshof die Beschlagnahme und Einziehung eines blasphemischen Filmes auch unter Hinweis auf die konfessionellen Gegebenheiten für gerechtfertigt erklärt[169].

Damit ist der Bogen zu einem weiteren Problem der allgemeinen Grundrechtsdogmatik geschlagen, dem der staatlichen Schutzpflichten[170]. Die Frage ist hier nicht, ob der Staat zum Schutz der Rechte Dritter eingreifen *darf* – das ergibt sich schon aus dem Schrankenregelung des Art. 9 Abs. 2 EMRK –, sondern ob er es auch tun *muß*. Grundsätzlich erkennt der EGMR derartige staatliche Schutzpflichten an[171]. Auch im Hinblick auf die Religions- und Weltanschau-

[168] Allgemein *Engel*, ÖZöRV 1986, 261 (273 ff.); speziell für die Religions- und Weltanschauungsfreiheit *Blum* (Fn. 8), S. 120 ff.; *Grabenwarter*, ZaöRV 55 (1995), 128 (153 ff.); *Fiedler*, VVDStRL 59 (2000), 199 (217 f.).

[169] EGMR, ÖJZ 1995, 154 (157), Tz. 56 – *Otto-Preminger-Institut*. Dazu *Grabenwarter*, ZaöRV 55 (1995), 128 (143 ff.); insoweit kritisch *Frowein*, in: ders./Peukert (Fn. 19), Art. 9 Rn. 8.

[170] Dazu allgemein *Murswiek*, in: Konrad (Hrsg.), Grundrechtsschutz und Verwaltungsverfahren, 1985, S. 213.

[171] Grdl. EGMR, NJW 1982, 2717 – *Young, James und Webster*. – Die von *Blum* (Fn. 8), S. 102 in Fn. 3 als „grundlegend“ apostrophierte Entscheidung EGMR, NJW 1979, 2449 – *Marckx*, betraf keine Eingriffe durch *Private*, sondern durch den *Gesetzgeber*.

ungsfreiheit bietet die Praxis der Konventionsorgane genügend Anhaltspunkte in dieser Richtung: So hat die EKMR entschieden, daß eine Religions- und Weltanschauungsgemeinschaft zwar Kritik und Agitation hinnehmen müsse. Wenn diese aber einen derartigen Grad erreiche, bei dem die Freiheit selbst in Gefahr gerate, sei ein staatliches Eingreifen denkbar[172]. Diese Scheidelinie dürfte in Anlehnung an die Rechtsprechung des BVerfG zur Meinungsfreiheit dort zu ziehen sein, wo die Ebene der rein geistigen Auseinandersetzung verlassen wird[173]. In den Kontext der Schutzpflichten gehört weiter der erwähnte Fall der Beschlagnahme und Einziehung eines blasphemischen Filmes zum Schutz der religiösen Empfindungen der Bevölkerung[174]. Ebenfalls hierher zu rechnen ist die von der EKMR angenommene staatliche Gewährleistungspflicht des Kirchenaustritts. Wenn und soweit eine Religions- und Weltanschauungsgemeinschaft einen Austritt nicht kennt[175], muß der Staat diese Möglichkeit jedenfalls mit Wirkung für den *staatlichen* Rechtskreis vorsehen[176].

Bezugspunkt staatlicher Schutzpflichten sind die Freiheitsrechte in ihrer negatorischen Dimension. Der Staat ist indes nicht *verpflichtet*, Diskriminierungen Dritter zu unterbinden[177]. Das Diskriminierungsverbot des Art. 14 EMRK gilt nur für den Staat, nicht für Private. Bestandteil deren Freiheit ist es auch, sie zur willkürlichen

172 EKMR, DR 21, 109 (111), Tz. 5 – *Scientology*.

173 Dazu einerseits BVerfGE 7, 198 (208) – *Lüth* und andererseits BVerfGE 25, 256 (264 ff.) – *Blinkfüer*.

174 Nachw. Fn. 169.

175 So etwa die katholische Kirche, s. nur *Listl*, in: ders./Schmitz (Hrsg.), HdbKathKirchR, 2. Aufl. 1999, S. 209 (211 f.).

176 EKMR, DR 37, 42 (45), Tz. 2; 40, 284 (286) – *Gottesmann*. – In Deutschland erfolgt der Austritt durch eine Erklärung gegenüber der zuständigen staatlichen Stelle nach den Kirchensteuergesetzen der Länder (z.B. § 26 KiStG BW). Das Erfordernis dabei zu beachtender Formalitäten ist sowohl verfassungs-, als auch konventionsgemäß, s. BVerfGE 30, 415 (426); EKMR, DR 40, 284 (287) – *Gottesmann*.

177 Prägnant zum folgenden *Murswiek*, in: Konrad (Hrsg., Fn. 170), S. 213 (233 f.).

Ungleichbehandlung anderer Privater zu gebrauchen. Der Staat *kann* diese Freiheit zwar einschränken, ist hierzu aber nicht verpflichtet.

ee) *Bedeutung der EMRK für die gemeinschaftsrechtliche Religions- und Weltanschauungsfreiheit.* Aus der Rechtsnatur der EMRK als Rechtserkenntnisquelle für die Gemeinschaftsgrundrechte[178] ergibt sich, daß eine strikte rechtliche Bindung der Gemeinschaft an die EMRK nicht besteht. Dies gilt einmal für den normativen Gehalt der Konventionsrechte: Art. 6 Abs. 2 EUV nimmt nicht die Grundrechte der EMRK in den Blick, sondern „die Grundrechte, wie sie in der ... EMRK gewährleistet sind". Noch weniger besteht eine Rechtsbindung an die Auslegung der EMRK, insbesondere durch die Rechtsprechung des EGMR, wiewohl in der Praxis dessen Erkenntnisse seit langem selbstverständliche Berücksichtigung, wenn auch nicht in jeder Hinsicht Gefolgschaft[179], finden[180].

So wertvolle und richtungsweisende Aufschlüsse die EMRK für die Konturierung der Gemeinschaftsgrundrechte auch zu liefern vermag, sind diese doch autonom zu entwickeln. Maßgeblich für die Eigenständigkeit der Gemeinschaftsgrundrechte ist insbesondere die Zielsetzung, daß die Gewährleistung dieser Rechte sich in die Struktur und die Ziele der Gemeinschaft einfügen muß[181]. Das unterscheidet sie entscheidend von den Konventionsrechten des völkerrechtlichen Vertrags EMRK.

Daraus sind für die gemeinschaftsrechtliche Religions- und Weltanschauungsfreiheit jedenfalls zwei Folgerungen zu ziehen. Erstens

178 Sub IV. 1. a).

179 Das häufig genannte Beispiel der divergierenden Rspr. zur Frage, ob auch Geschäftsräume dem Schutz der Unverletzlichkeit der Wohnung unterfallen, trägt indes die These nur bedingt: Die (verneinende) Entscheidung des EuGH, Slg. 1989, 2859 – *Hoechst*, erging zeitlich *vor* der (bejahenden) Entscheidung EGMR, NJW 1993, 718 – *Niemitz*.

180 Zum Verhältnis zwischen EMRK und Gemeinschaftsrecht allgemein sowie zwischen EGMR und EuGH s. *Rodríguez Iglesias*, in: FS Bernhardt, 1995, S. 1269; *Baumgartner*, ZfV 1996, 319; *Alber/Widmaier*, EuGRZ 2000, 497 (503 ff., 507 ff.).

181 Grdl. EuGH, Slg. 1970, 1125 (1135), Tz. 4 – *Internationale Handelsgesellschaft*.

ist auf der Ebene des personellen Schutzbereichs die korporative Dimension vollumfänglich gewährleistet. Hier kommt die bereits angesprochene Funktion der Amsterdamer Kirchenerklärung als Auslegungsmaxime zum Tragen[182]. Auf der Schrankenebene ist der von den Konventionsorganen den Vertragsstaaten konzedierte Beurteilungsspielraum („margin of appeciation")[183] auf das gemeinschaftsrechtliche Grundrecht nicht übertragbar: Dessen Adressaten sind anders als bei der EMRK nicht eine Vielzahl von Vertragsstaaten mit unterschiedlichsten Rechtsordnungen, sondern entweder die Gemeinschaftsorgane oder die Mitgliedstaaten bei der Anwendung des Gemeinschaftsrechts[184]. In beiden Fällen ist die Annahme eines grundsätzlich bestehenden Beurteilungsspielraums nicht angebracht: Gegenüber den Gemeinschaftsorganen würden die Grundrechte der Unionsbürger unangemessen eingeschränkt[185], gegenüber den Mitgliedstaaten würde die einheitliche Anwendung und Durchsetzung des Gemeinschaftsrechts Schaden nehmen.

c) Gemeinsame Verfassungsüberlieferungen der Mitgliedstaaten. Als zweite Rechtserkenntnisquelle benennt Art. 6 Abs. 2 EUV die gemeinsamen Verfassungsüberlieferungen der Mitgliedstaaten. Bevor die Verfassungsüberlieferungen in Gestalt des geltenden Verfassungsrechts näher zu betrachten sind, bedarf es der Verständigung auf den Maßstab für deren „Gemeinsamkeit".

182 Sub II. 1. c).

183 Sub IV. 1. b) dd).

184 EuGH, Slg. 1989, 2609 (2639 f.), Tz. 19 – *Wachauf*; Slg. 1991, I-2925 (2964), Tz. 43 – *ERT*.

185 Daß der EuGH selbst mitunter den Gemeinschaftsorganen großzügig Beurteilungsspielräume einräumt (so etwa EuGH, Slg. 1989, 2609 2639, Tz. 18 – *Wachauf*), ist weniger ein Beleg gegen die These, als vielmehr Beleg für die Notwendigkeit, die Schrankendogmatik des EuGH zu „verfeinern", dafür *Schwarze*, NJ 1994, 53 (57); *Albers*, in: dies./Heine/Seyfarth (Hrsg., Fn. 45), S. 129 (140 f.).

aa) Methode der Feststellung. Die in Art. 6 Abs. 2 EUV verwandte Formulierung knüpft fast wörtlich an die von Anfang an im Vertragswerk enthaltene Bestimmung des Art. 288 Abs. 2 EGV (= ex-Art. 215 Abs. 2 EWGV) an. Hiernach sind für die außervertragliche Haftung der Gemeinschaft die *allgemeinen Rechtsgrundsätze, die den Rechtsordnungen der Mitgliedstaaten gemeinsam sind*, maßgeblich. Die Wendung ist sicher nicht in einem wortlautverhafteten restriktiven Sinn zu verstehen, daß nur ein europäischer Minimalstandard gewährleistet wäre[186]. Ob umgekehrt die andere denkbare Extremlösung, bereits *eine* mitgliedstaatliche Regelung als maßstabbildend ausreichen zu lassen, noch mit dem Wortlaut vereinbar ist, erscheint fraglich. Bekanntlich überwiegt die Auffassung, daß die Gemeinsamkeit der Rechtsordnungen und damit auch die der Verfassungsüberlieferungen im Wege der wertenden Rechtsvergleichung zu ermitteln sind, die *Konrad Zweigert* bereits 1964 in schon klassischer Formulierung wie folgt umschrieben hat[187]:

> „Allgemeiner Rechtsgrundsatz ist nicht, was die Mehrheit der Rechtsordnungen übereinstimmend anordnet. Allgemeiner Rechtsgrundsatz ist vielmehr, was sich bei einer kritischen Analyse der Lösungen, die sich nach einer rechtsvergleichenden Umschau ergeben, als die beste Lösung darstellt. Nur wo verschiedene, aber gleichwertige Lösungen in den Mitgliedstaaten anzutreffen sind, ist derjenigen Lösung der Vorzug zu geben, welche den Zielen der Gemeinschaft am besten entspricht, und nur wo verschiedene gleich gute Lösungen sich dem Gemeinschaftsrecht gleichermaßen einfügen, kann der Gerichtshof der Europäischen Gemeinschaften frei wählen."

Die Gemeinsamkeit der mitgliedstaatlichen Verfassungsüberlieferungen ist demnach zweistufig herauszuarbeiten: Diese sind zu-

[186] So aber z.B. *Heldrich*, JZ 1961, 681 (685).
[187] *Zweigert*, RabelsZ 28 (1964), 601 (610).

nächst miteinander zu vergleichen[188], ehe dann eine Wertung erfolgt, die am Maßstab der Ziele der Gemeinschaft auszurichten ist.

Diesem Ansatz widerspricht nicht notwendigerweise die vor allem in der staatskirchenrechtlichen Literatur vertretene Auffassung, für den Bereich der Religions- und Weltanschauungsfreiheit sei der höchste in irgendeinem der Mitgliedstaaten geltende Schutzstandard maßgeblich[189]. Es wird vielfach so sein, daß der höchste Grundrechtsstandard in Anbetracht der Bedeutung der Grundrechte für den weiteren Prozeß der Europäischen Integration[190] zugleich auch die für die Gemeinschaft beste Lösung darstellt. Indes bedarf dies der Darlegung im Einzelfall, kann aber nicht als allgemeine Maxime Geltung beanspruchen. Andernfalls könnte die Gefahr bestehen, daß bestimmte grundrechtliche Ausprägungen, die nur vor dem Hintergrund eines konkreten staatskirchenrechtlichen Modells – namentlich dem einer Staatskirche – verständlich sind, also gerade *nicht* verallgemeinerungsfähig sind, als Aspekt der gemeinschaftsrechtlichen Religions- und Weltanschauungsfreiheit firmieren[191].

bb) Bezugspunkte. Die Verfassungen aller EU-Mitgliedstaaten[192] schützen die Freiheit der *Religion.* Nicht ganz so eindeutig ist die Situation hinsichtlich der komplementären Komponente der Freiheit der Weltanschauung. Explizit wird diese nur in der deutschen, der niederländischen, der portugiesischen und der spanischen Verfassung, der Sache nach auch in der belgischen in den Blick genom-

188 Allgemein zur Rechtsvergleichung im Öffentlichen Recht *Starck*, JZ 1997, 1021; *Sommermann*, DÖV 1999, 1017; *Wahl*, Der Staat 38 (1999), 495 (508 ff.); weitergehend mit dem Aspekt der Kulturvergleichung *ders.*, in: FS Quaritsch, 2000, S. 163.

189 *Robbers*, Essener Gespräche 27 (1993), 81 (87); *ders.*, in: HdbStKirchR (Fn. 31), S. 315 (320); *Bleckmann* (Fn. 112), S. 50.

190 S. dazu *Di Fabio*, JZ 2000, 737; zurückhaltend *von Bogdandy*, JZ 2001, 157.

191 Gegen die Anreicherung grundrechtlicher Gehalte mit staatskirchenrechtlichen Bestimmungen auch *Blum* (Fn. 8), S. 177 f.; *H. Weber*, ZevKR 45 (2000), 109 (148 f.).

192 Diese sind im folgenden zitiert nach *Kimmel/Kimmel*, Verfassungen der EU-Mitgliedstaaten, 5. Aufl. 2000.

men[193]. Überdies gewährleisten die finnische, die irische und die österreichische Verfassung die Freiheit des *Gewissens*[194]. Begreift man die Weltanschauungsfreiheit als die Verbürgung nichtreligiöser, ganzheitlicher Gedankengebäude, stellt sie sich – schon historisch – als Spielart der Gewissensfreiheit dar. Ihr grundrechtlicher Schutz ist in keinem der Mitgliedstaaten auch nur ansatzweise bestritten.

cc) Sachliche Gewährleistungen. Die Aussagen der mitgliedstaatlichen Verfassungen lassen sich in drei zentrale Verbürgungen kategorisieren: Die positive Religions- und Weltanschauungsfreiheit, spiegelbildlich die negative Religions- und Weltanschauungsfreiheit sowie das Diskriminierungsverbot aus Gründen der Religion und Weltanschauung. In diesen drei Aspekten stimmen die Verfassungen der Mitgliedstaaten sowohl in der Grundaussage, als auch in der näheren Ausgestaltung überein, so daß jedenfalls insoweit eine gemeinsame Verfassungsüberlieferung vorliegt.

Die *positive Religions- und Weltanschauungsfreiheit* ist in Belgien, Deutschland, Finnland, Frankreich, Griechenland, Irland, Italien, Luxemburg, den Niederlanden, Österreich, Portugal, Schweden

193 Deutschland: Art. 4 Abs. 1, 33 Abs. 3 GG, s. auch Art. 140 GG i.V.m. Art. 137 Abs. 7 WRV; Niederlande: Art. 1 S. 2, 6 Abs. 1, 23 Abs. 3 der Verfassung des Königreiches der Niederlande vom 17.02.1983; Portugal: Art. 13 Abs. 2 der Verfassung der Republik Portugal vom 02.04.1976; Spanien: Art. 16 Abs. 2 der Verfassung des Königreiches Spanien vom 29.12.1978. – Art. 11 S. 2 der Koordinierten Verfassung Belgiens vom 17.02.1994 spricht von „ideologischen und philosophischen Minderheiten".

194 Finnland: § 11 Abs. 1; Irland: Art. 44 Abs. 2 der Verfassung der Republik Irland vom 01.07.1937; Österreich: Art. 149 Abs. 1 Nr. 1 des Bundes-Verfassungsgesetzes (B-VG) vom 10.11.1920 i.V.m. Art. 14 Abs. 1 des Staatsgrundgesetzes (StGG) vom 21.12.1867. – Die weiteren neben dem B-VG maßgeblichen österreichischen Verfassungsrechtsbestimmungen sind abgedruckt bei *Conring* (Fn. 155), S. 411 ff.

und Spanien ausdrücklich verfassungsgesetzlich verankert[195]. Aus der Garantie der religiösen Vereinigungsfreiheit in der dänischen Verfassung läßt sich im Wege des erst-recht-Schlusses auch die Verbürgung der individuellen Religionsfreiheit entnehmen[196]. Inhaltlich finden zumeist die drei Aspekte Erwähnung, die auch der deutschen Gewährleistung in Art. 4 Abs. 1 und 2 GG zugrunde liegen: Die Freiheit der Religion und der Weltanschauung als solche, die Freiheit des Bekenntnisses sowie die Freiheit der Ausübung.

Die spiegelbildliche Komponente der *negativen Religions- und Weltanschauungsfreiheit* garantieren expressiv verbis die belgische, die dänische, die deutsche, die finnische, die luxemburgische, die österreichische, die portugiesische, die schwedische und die spanische Verfassung[197].

Nahezu durchgängig schreiben die mitgliedstaatlichen Verfassungen ein *Diskriminierungsverbot* aus Gründen der Religion und Weltanschauung fest, nämlich Belgien, Dänemark, Deutschland, Finnland, Frankreich, Griechenland, Irland, Italien, die Niederlande, Österreich, Portugal und Spanien[198].

[195] Belgien: Art. 19; Deutschland: Art. 4 Abs. 1 und 2 GG; Finnland: § 11; für Frankreich wird dies überwiegend auf die durch die Präambel der Verfassung der Republik Frankreich vom 04.10.1958 inkorporierte Erklärung der Menschen- und Bürgerrechte vom 26.08.1789 (Art. 10) sowie auf Art. 1 S. 3 gestützt (zurückhaltend zu dieser Deutung *Heun*, ZRG 117 Kan. Abt. 86 [2000], 334 [343]); Griechenland: Art. 13 Abs. 1 und 2; Irland:Art. 44 Abs. 2 Nr. 1; Italien: Art. 19; Luxemburg: Art. 19 der Verfassung des Großherzogtums Luxemburg vom 17.10.1868; Niederlande: Art. 6 Abs. 1 und 2; Österreich: Art. 14 Abs. 1 StGG; Art. 63 Abs. 2 des Staatsvertrages von Saint-Germain (StaatsV) vom 10.09.1919 (inkorporiert durch Art. 149 Abs. 1 Nr. 8 B-VG); Portugal: Art. 41 Abs. 1; Schweden: Kap. 2, § 1 Nr. 6; Spanien: Art. 16 Abs. 1.

[196] *Hallett* (Fn. 104), S. 42.

[197] Belgien: Art. 20; Dänemark: § 68; Deutschland: Art. 140 GG i.V.m. Art. 136 Abs. 4 WRV; Finnland: § 11 Abs. 2; Luxemburg: Art. 20; Österreich: Art. 14 Abs. 3 StGG; Portugal: Art. 41 Abs. 3; Schweden: Kap. 2, § 2; Spanien: Art. 16 Abs. 2.

[198] Belgien: Art. 11 S. 2; Dänemark: § 70; Deutschland: Art. 3 Abs. 3 S. 1, 33 Abs. 3 GG; Finnland: § 6 Abs. 2; Frankreich: Art. 1 S. 2; Griechenland: Art. 5 Abs. 2, 13 Abs. 1 S. 2; Irland: Art. 44 Abs. 2 Nr. 3; Italien: Art. 3 S. 1, 20; Niederlande: Art. 1 S. 2; Österreich: Art. 7 Abs. 1 S. 2 B-VG, Art. 14 Abs. 2 StGG, Art. 66 StaatsV; Portugal: Art. 13 Abs. 2; Spanien: Art. 14.

Läßt sich bis hierher ohne Schwierigkeiten eine gemeinsame Verfassungsüberlieferung der Mitgliedstaaten feststellen, ist dies im Hinblick auf *speziellere Ausprägungen der positiven Religions- und Weltanschauungsfreiheit* fraglich, die einige nationale Verfassungen auf dem Sektor der schulischen Bildung vorsehen: Belgien, Deutschland und Österreich garantieren das Institut des Religionsunterrichts[199]. Die Privatschulfreiheit verbürgen Deutschland, die Niederlande und Portugal[200]. Irland und Spanien gewährleisten das religiöse Elternrecht, während in Belgien und den Niederlande allgemein vom Recht auf religiöse bzw. moralische Erziehung sowie auf religiöse und weltanschauliche Toleranz die Rede ist[201]. Die Nichterwähnung entsprechender oder vergleichbarer schulischer Rechte in den Verfassungen anderer Mitgliedstaaten bedeutet nicht zwangsläufig, daß diese insoweit keinen grundrechtlichen Schutz zubilligen würden. So besteht namentlich im – laizistischen! – Frankreich ein ebenso blühendes wie staatlich subventioniertes konfessionelles Privatschulwesen[202].

Für die Frage nach einer gemeinsamen Verfassungsüberlieferung der Mitgliedstaaten ist im Ausgangspunkt darauf hinzuweisen, daß diese ohne Ausnahme Vertragsparteien des 1. Zusatzprotokolls der EMRK sind, dessen Art. 2 entsprechende religiöse und weltanschauliche Rechte in der Schule enthält. Daraus und aus den genannten ausdrücklichen Bestimmungen läßt sich jedenfalls ein Indoktrinationsverbot in religiöser und weltanschaulicher Hinsicht sowie ein Berücksichtigungsgebot religiöser und weltanschaulicher Belange als gemeineuropäischer Standard entnehmen. Das dürfte ebenfalls

[199] Belgien: Art. 24 § 1 Abs. 4 (wahlweise: Ethikunterricht); Deutschland: Art. 7 Abs. 3 GG; Österreich: Art. 17 Abs. 4 StGG.

[200] Deutschland: Art. 7 Abs. 4 GG; Niederlande: Art. 23 Abs. 5 HS 2; Portugal: Art. 43 Abs. 4.

[201] Irland: Art. 42 Abs. 1; Spanien: Art. 27 Abs. 3; Belgien: Art. 24 § 3 Abs. 2; Niederlande: Art. 23 Abs. 3.

[202] *Frhr. von Campenhausen* (Fn. 75), S. 394 f.; *Robbers*, VVDStRL 59 (2000), 231 (252) m.w.Nachw.

für die Gewährleistung der Privatschulfreiheit gelten, stellt diese doch das Korrelat zur religions- bzw. weltanschauungsfreien Schule dar[203]. Nicht verallgemeinerungsfähig hingegen sind staatliche „Draufgaben" zur positiven Religions- und Weltanschauungspflege, wie sie vor allem das Institut des Religionsunterrichts darstellt. Diese Konzeption fügt sich auch in die Ziele der Gemeinschaft ein, da diese im Bereich der schulischen Bildung über keine Kompetenzen verfügt.

dd) *Personelle Dimension der Gewährleistung*. Ebenso wie bei Art. 9 EMRK ist auch für die Verfassungsüberlieferungen der Mitgliedstaaten im Ergebnis unbestritten, daß sich die Religions- und Weltanschauungsfreiheit nicht in der individuellen Dimension erschöpft, sondern daß sie überdies ein *korporatives* Freiheitsrecht darstellt. Die nationalen Verfassungen wählen zwei gesonderte Ansätze, um dieses Resultat herbeizuführen: Dänemark, Deutschland, Österreich, Portugal und Spanien verbürgen von vornherein die religiöse Vereinigungsfreiheit als Korporationsrecht[204]. Demgegenüber erscheint in Finnland, Italien, den Niederlanden und in Schweden die korporative Religions- und Weltanschauungsfreiheit als gebündelte Freiheit der individuellen Grundrechtsträger, denen auch das Recht der gemeinsamen Religionsausübung zukommt[205].

Schließlich stellt sich auch für die grundrechtsvergleichende Betrachtung in den EU-Mitgliedstaaten die Frage nach Existenz und Reichweite eines *Selbstbestimmungsrechts* der Religions- und Weltanschauungsgemeinschaften. Verfassungsgesetzlich ausdrücklich

203 Besonders deutlich macht dies die portugiesische Verfassung in Art. 43: Abs. 3 erklärt das staatliche Schulwesen für konfessionsfrei, Abs. 4 gewährleistet die Privatschulfreiheit. Für Frankreich gilt mutatis mutandis dasselbe, s. *Robbers,* VVDStRL 59 (2000), 231 (253).

204 Dänemark: § 67; Deutschland: Art. 140 GG i.V.m. Art. 137 Abs. 2 WRV; Österreich: Art. 15 StGG; Portugal: Art. 41 Abs. 4; Spanien: Art. 16 Abs. 1.

205 Finnland: § 11 Abs. 2; Italien: Art. 8 Abs. 1, 19; Niederlande: Art. 6 Abs. 1; Schweden: Kap. 2, § 1 Nr. 6.

anerkannt ist dieses in Belgien, Deutschland, Irland, Italien, Luxemburg, Österreich, Portugal und Spanien[206]. Inhalt des Selbstbestimmungsrechts ist es, die inneren bzw. eigenen Angelegenheiten selbständig zu ordnen und zu verwalten.

Auch hier ist verfassungsgesetzliche Nichterwähnung nicht gleichbedeutend mit normativer Nichtgeltung. Evident ist das für die Mitgliedstaaten der EU mit einem staatskirchenrechtlichen System der Trennung von Staat und Kirche: Sind Staat und Kirche getrennt, bedarf es (an sich) überhaupt nicht der Einräumung eines Selbstbestimmungsrechts, da staatliche Ingerenzen systembedingt ausgeschlossen sind[207]. So folgerichtig dieses Ergebnis ist, so unvereinbar erscheint umgekehrt die Anerkennung des Selbstbestimmungsrechts in einem System der Staatskirche. Der Widerspruch ist indes nur scheinbar: Staatliche Ingerenzen können hier nur die Staatskirche betreffen, wiederum aus Systemgründen aber nicht *andere* Religions- und Weltanschauungsgemeinschaften. Überdies beschränkt sich auch in staatskirchlichen Systemen der Einfluß des Staates zunehmend auf formale Rechtskontrolle, formelle Beschlußfassung und (mit der Ausnahme Finnlands und Griechenlands) personelle Verflochtenheit in Gestalt monarchischer Repräsentation. Über die inneren Angelegenheit befinden materiell schon seit langem inner-

[206] Belgien: Art. 21 Abs. 1; Deutschland: Art. 140 GG i.V.m. Art. 137 Abs. 3 WRV; Irland: Art. 44 Abs. 2 Nr. 5; Italien: Art. 7 Abs. 1, 8 Abs. 1 S. 2; Österreich: Art. 15 StGG; Portugal: Art. 41 Abs. 4; Spanien: Art. 16 Abs. 3 S. 2. In Luxemburg sind die in Art. 22 genannten Verträge bislang nicht abgeschlossen worden, so daß nach Art. 119 die „gegenwärtigen Bestimmungen" (Stand: 1868!) in Kraft bleiben. Dies würde an sich die Fortgeltung des Napoleonischen Konkordats von 1801 bedeuten. Die luxemburgische Staatspraxis behandelt dessen Bestimmungen indes als obsolet, so daß im Ergebnis auch in Luxemburg das Selbstbestimmungsrecht greift. Zu alledem *Bleckmann* (Fn. 112), S. 110 ff.

[207] Auch hier stellt die portugiesische Verfassung in nur einem Absatz die Korrelation her: Art. 41 Abs. 4 HS 1 statuiert die Trennung von Staat und Kirche, Art. 41 Abs. 4 HS 2 gewährleistet das Selbstbestimmungsrecht.

kirchliche Organe[208]. In den staatskirchenrechtlichen Systemen der Kooperation schließlich ergibt sich das Selbstbestimmungsrecht aus dem Zusammenspiel von gewährleisteter grundrechtlicher Freiheit und religiös-weltanschaulicher Neutralität des Staates[209].

ee) *Divergenzen.* So weitgehend gleichlaufend die individuelle und die korporative Dimension der Religions- und Weltanschauungsfreiheit sind, so unverkennbar sind umgekehrt die Unterschiede hinsichtlich der institutionellen Ausgestaltung. Die *staatskirchlichen* Systeme in Großbritannien, Griechenland und Skandinavien regeln das Beziehungsgefüge zwischen Staat und Kirche im Wege des staatlichen Gesetzes[210]. In der Sache weist diese Lösung durchaus Ambivalenzen auf: Sie kann der Staatskirche bzw. der vorherrschenden Religion eine herausgehobene Stellung verschaffen und so ihre Freiheitssphäre stärken. Umgekehrt kann diese aber auch durch die bestehenden staatlichen Ingerenzen, seien sie auch nur formaler Art, Einschränkungen erfahren. Einige der Mitgliedstaaten mit einem staatskirchenrechtlichen *Kooperationsmodell* schreiben in ihren Verfassungen ausdrücklich die – im Regelfall: vertragliche – Kooperation vor, so Italien, Luxemburg und Spanien[211]. Diese Konzeption ermöglicht bereichsspezifische Zusammenarbeit zwischen Staat und Kirche, vermeidet aber durch das grundsätzlich geltende Neutralitäts- und Paritätsgebot die Privilegierung bestimmter Religions- und

[208] Für Großbritannien ausführlich *Bleckmann* (Fn. 112), S. 123 ff. und zusammenfassend *Robbers*, VVDStRL 59 (2000), 231 (247 f.); zur „Entflechtung" von Staat und Kirche in Schweden *ders.*, in: FS Hollerbach, S. 907 (910 ff.); zur Situation in Dänemark *Hallett* (Fn. 104), S. 70 ff.

[209] S. dazu die umfangreichen rechtsvergleichenden Darstellungen bei *Bleckmann* (Fn. 112), S. 71 ff.

[210] Nachw. in Fn. 102-106.

[211] Italien: Art. 7 Abs. 2 (katholische Kirche) und 8 Abs. 2 (übrige Religionsgemeinschaften); Luxemburg: Art. 22 (s. aber Fn. 206); Spanien: Art. 16 Abs. 3 S. 2.

Weltanschauungsgemeinschaften[212]. Deren Freiheitssphäre erfährt aufgrund des garantierten Selbstbestimmungsrecht keine Beschränkungen. Das *Trennungssystem* schließlich ist in Frankreich und Portugal ausdrücklich[213] und in den Niederlanden durch die konsequente Nichtbeachtung von Religions- und Weltanschauungsgemeinschaften implizit verankert. Das Modell geht von der theoretisch unbeeinflußten Koexistenz von Staat und Religions- und Weltanschauungsgemeinschaften aus, wiewohl die konkrete Ausprägung aufgrund verschiedener historischer und gesellschaftlicher Gegebenheiten differiert: Trennung von Staat und Kirche bedeutet in Frankreich – cum grano salis – laizistische Zurückdrängung des Religiösen in die private Sphäre, in Portugal hingegen die Absage an bestimmte vorgängige Staatsformen[214].

ff) *Zusammenfassung*. Schon aus dieser naturgemäß überblickshaften Betrachtung der mitgliedstaatlichen Verfassungen lassen sich als Gemeinsamkeiten festhalten: Gewährleistet werden die Freiheit von Religion und Weltanschauung. Diese entfaltet sich in sachlicher Hinsicht als positive wie als negative Freiheit und wird ergänzt durch ein Diskriminierungsverbot. In personeller Hinsicht können sich Individuen wie Gemeinschaften auf die Gewährleistungen berufen, letzteren kommt im Bereich ihrer Angelegenheiten ein Selbstbestimmungsrecht zu. In den grundlegenden Strukturen der Religions- und Weltanschauungsfreiheit entsprechen die gemeinsamen Verfassungsüberlieferungen der Mitgliedstaaten somit dem Gehalt der Gewährleistungen der EMRK.

212 Innerhalb des Systems bestehen freilich durchaus signifikante Unterschiede: Während die irische Verfassung ein Finanzierungs*verbot* für jede Religion aufstellt (Art. 44 Abs. 2 Nr. 2), enthält die luxemburgische in Art. 106 umgekehrt eine Finanzierungs*pflicht* im Hinblick auf Gehalt und Pension der Geistlichen.

213 Frankreich: Art. 1 S. 1; Portugal: Art. 41 Abs. 4.

214 Vgl. Fn. 94.

2. *Einflüsse auf das nationale Recht*

Die Interdependenzen von Gemeinschaftsrecht und nationalem Recht bestehen nicht nur darin, daß rechtsvergleichend aus letzterem ein gemeineuropäischer Standard entwickelt wird. Umgekehrt beeinflußt auch das Gemeinschaftsrecht die mitgliedstaatlichen Rechtsordnungen. Speziell im Hinblick auf die Grundrechtsgewährleistungen war bislang der Einfluß des Gemeinschaftsrechts auf die nationalen Garantien äußerst gering[215]. Hingegen entfalteten die Bestimmungen der EMRK größere Auswirkungen[216], das BVerfG zieht sie in gefestigter Rechtsprechung zur Auslegung der Grundrechte des Grundgesetzes heran[217].

Gerade in bezug auf die Religions- und Weltanschauungsfreiheit hat die EMRK bislang schon erheblichen Einfluß auf die Grundrechtssituation in den Mitgliedstaaten der EU ausgeübt. Betraf dies in einigen spektakulären Fällen bereits die Rechtsgeltungsebene, ist künftig auch eine verstärkte Einflußnahme, wenn nicht Modifizierung, der maßgeblich von der EMRK geprägten gemeinschaftsrechtlichen Religions- und Weltanschauungsfreiheit auf die mitgliedstaatliche Rechtsanwendungsebene denkbar.

a) *Rechtsgeltungsebene*. Zum Beleg des eminenten Einflusses von Art. 9 EMRK bereits auf die Geltung von Rechtsvorschriften der Konventionsstaaten genügen drei Beispiele: In Schweden war aufgrund einer Verordnung aus dem Jahre 1873 der Austritt aus der evangelisch-lutherischen Staatskirche nur bei einem gleichzeitigen Übertritt in eine andere christliche Glaubensgemeinschaft möglich. Diese Bestimmung wurde 1951 im Zusammenhang mit dem Beitritt

215 *Schwarze*, in: ders. (Hrsg., Fn. 10), S. 109 (167) sowie S. 463 (533).

216 Für Deutschland: *Frowein*, in: FS W. Zeidler II, 1987, S. 1763; *Schwarze*, in: FS Everling II, 1995, S. 1355 (1363 f.). – In anderen EU-Mitgliedstaaten hat die EMRK Verfassungsrang, so z.B. in Österreich.

217 BVerfGE 74, 358 (370); 82, 106 (115).

Schwedens zur EMRK aufgehoben[218]. – Norwegen, dessen Verfassung vom 17. Mai 1814 in Art. 2 den Jesuitenorden verbot, hatte bei der Ratifikation 1952 noch gem. Art. 64 EMRK einen Vorbehalt zu Art. 9 EMRK angemeldet. Dieser Vorbehalt konnte nach Aufhebung des Verbots 1956 zurückgenommen werden[219]. – Mit Art. 9 EMRK unvereinbar gewesen wären auch die noch aus der Kulturkampfzeit stammenden Verbote des Jesuitenordens und der Klöster(wieder)errichtung in der Schweiz[220]. Die Bestimmungen wurden 1973 aufgehoben, 1974 trat die Schweiz der EMRK bei[221].

b) *Rechtsanwendungsebene*. Denkbare Ingerenzen von der gemeinschaftsrechtlichen Religions- und Weltanschauungsfreiheit auf die entsprechende mitgliedstaatliche Gewährleistung sollen hier anhand zweier Beispielsfälle im Hinblick auf Art. 4 Abs. 1 und 2 GG illustriert werden:

Bekanntlich versteht das BVerfG und die ihm überwiegend folgende Rechtslehre den Schutzbereich des Art. 4 Abs. 1 und 2 GG denkbar weit, insbesondere soll er auch das Recht des Grundrechtsträgers umfassen, „sein gesamtes Verhalten an den Lehren seines Glaubens auszurichten und seiner inneren Glaubensüberzeugung gemäß zu handeln“[222]. Konsequenz ist, daß nicht nur die *Ausübung* von Religion und Weltanschauung dem Schutzbereich unterfällt, sondern weitergehend schon jedes religiös und weltanschaulich *mo-*

218 *Partsch*, in: Bettermann/Neumann/Nipperdey (Hrsg.), Die Grundrechte, Band I/1, 1966, S. 235 (428); *ders*., ZaöRV 17 (1956/57), 93 (97).

219 *Partsch*, in: Bettermann/Neumann/Nipperdey (Hrsg., Fn. 218), S. 235 (428).

220 Die Bundesverfassung der Schweizerischen Eidgenossenschaft vom 29.05.1874 bestimmte in Art. 51 Abs. 1: „Der Orden der Jesuiten und die ihm affillirten Gesellschaften dürfen in keinem Theile der Schweiz Aufnahme finden, und es ist ihren Gliedern jede Wirksamkeit in Kirche und Schule untersagt.“ sowie in Art. 52: „Die Errichtung neuer und die Wiederherstellung aufgehobener Klöster ist unzuläßig.“

221 Dazu *Kraus*, Schweizerisches Staatskirchenrecht, 1993, S. 142 m.w.Nachw.

222 BVerfGE 32, 98 (106); aus der zustimmenden Literatur statt aller *Morlok*, in: H. Dreier (Hrsg.), GG, Band I, 1996, Art. 4 Rn. 32 ff., 42 ff.; skeptisch schon *Herzog*, in: Maunz/Dürig (Hrsg., Fn. 138), Art. 4 Rn. 5 ff., 64 ff., insbes. Rdnr. 103 ff.

tivierte Handeln[223]. Diese Mutation von Art. 4 Abs. 1 und 2 GG zur allgemeinen religiösen und weltanschaulichen Handlungsfreiheit ist schon für die nationale Ebene abzulehnen[224], da sie die Zuordnung bestimmter Verhaltensweisen zu thematisch einschlägigen Freiheitsgrundrechten zu nivellieren und deren Schrankenregelung zu unterlaufen droht. Ein signifikantes Beispiel bildet der Komplex der wirtschaftlichen und gewerblichen Betätigung von Religions- und Weltanschauungsgemeinschaften, die richtigerweise von Art. 12 Abs. 1 GG, nicht aber von Art. 4 Abs. 1 und 2 GG geschützt ist. Die in der deutschen Praxis beträchtliche Unsicherheit der Zuordnung[225] könnte sich durch die Einwirkung der gemeinschaftsrechtlichen Religions- und Weltanschauungsfreiheit beheben lassen. Diese ist, wie schon die Praxis der Konventionsorgane zeigt, um die deutliche Konturierung des grundrechtlichen Schutzbereichs in dem Sinne bemüht, nur gegenständlich abgegrenzte menschliche Verhaltensweisen – hier solche von Religion und Weltanschauung *geleitete* – zu erfassen[226]. Folge davon dürfte u.a. sein, die wirtschaftliche und gewerbliche Betätigung einer Religions- oder Weltanschauungsgemeinschaft nicht mehr der Religions- oder Weltanschauungsfreiheit zu unterstellen, sondern den einschlägigen wirtschaftlichen Freiheitsrechten, wenn das kommerzielle Gewinnstreben vorherrschend ist. Dies gilt auch dann, wenn der so erwirtschaftete Gewinn später religiösen Zwecken zugeführt wird[227]. Es bedarf keiner Hervorhebung, daß dieser Grundsatz für alle Religions- und Weltanschau-

[223] Beispiele aus Rspr. und Literatur bei *Mückl*, Der Staat 40 (2001), 96 (103 m. Fn. 47, 48).

[224] Aus neuerer Zeit *Schoch*, in: FS Hollerbach, S. 150 (157 ff.); *Mückl*, Der Staat 40 (2001), 96 (103 ff.), jew. m.w.Nachw., auch zur Gegenauffassung.

[225] S. nur aus der höchstrichterlichen Praxis BVerwGE 90, 112 (116 f.); BVerwG, NJW 1997, 406 (407); 408.

[226] Umfassende Nachw. dieser Praxis bei *Blum* (Fn. 8), S. 90 ff.; zwar für das deutsche Recht a.A., aber offen für die Konzeption auf europäischer Ebene *H. Weber*, ZevKR 45 (2000), 109 (119 ff., 146 f.).

[227] EKMR, DR 16, 68 (71 f.), Tz. 4; *Blum* (Fn. 8), S. 87 ff.; *Frowein*, Essener Gespräche 27 (1993), 46 (54 f.).

ungsgemeinschaften Geltung beanspruchen würde – für „Elektrometer“ und „Dianetik“-Bücher von „Scientology“ ebenso wie für das Bier aus klostereigener Brauerei.

Eine weitere Modifikation könnte die Frage nach der Definitionskompetenz hinsichtlich des Schutzbereichs der Religions- und Weltanschauungsfreiheit betreffen. Nach der überwiegenden Auffassung in Deutschland ist hierbei das Selbstverständnis des Grundrechtsträgers (maßgeblich?) zu berücksichtigen[228]. Diese Sicht beruht bereits in Deutschland auf längst nicht mehr zutreffenden religionssoziologischen Hintergründen in tatsächlicher Hinsicht[229] und sieht sich auch durchgreifenden dogmatischen Bedenken ausgesetzt[230]. Beide Aspekte dürften auch die gemeinschaftsrechtliche Religions- und Weltanschauungsfreiheit beeinflussen und dann Rückwirkungen für die mitgliedstaatliche Grundrechtsverbürgung entfalten. Es ist jedenfalls unwahrscheinlich, daß in der religiös heterogenen Gemeinschaft die in Zeiten homogener religionssoziologischer Verhältnisse entwickelte deutsche Selbstverständnis-Konzeption Bestand haben wird.

[228] Aus der Rspr. BVerfGE 24, 236 (247 f.); 53, 366 (401); 83, 341 (356); aus der Literatur insbes. *Morlok*, Selbstverständnis als Rechtskriterium, 1993; *Isak*, Das Selbstverständnis der Kirchen und Religionsgemeinschaften und seine Bedeutung für die Auslegung staatlichen Rechts, 1994.

[229] Zu diesen *Mückl*, Der Staat 40 (2001), 96 (102) m.w.Nachw.

[230] Pointiert *Isensee* (Fn. 132), passim; ausführlich *Muckel*, Religiöse Freiheit und staatliche Letztentscheidung, 1997; ebenso *Ehlers*, ZevKR 45 (2000), 201 (203 f.) sowie *Mückl*, Der Staat 40 (2001), 96 (109 ff.).

3. Einflüsse auf das institutionelle Recht („Europäisches Staatskirchenrecht“[231])

a) Staatskirchenrechtliche Systeme in den Mitgliedstaaten der EU. In den EU-Mitgliedstaaten lassen sich drei Kategorien von staatskirchenrechtlichen Systemen unterscheiden[232]. Einer Gruppe von Ländern mit einer Staatskirche (Großbritannien, Griechenland, Dänemark, Finnland und Schweden) steht eine kleinere Gruppe von Staaten mit einem Modell der Trennung von Kirche und Staat (Frankreich, Niederlande, Portugal) gegenüber. Die meisten Mitgliedstaaten sehen ein System der Kooperation von Staat und Kirche vor. Zu hinterfragen ist allerdings, ob dieser scheinbar klaren und abgrenzenden Kategorisierung über die vordergründige Zustandsbeschreibung auch rechliche Relevanz zukommt. Aus zwei Gründen sind Zweifel angebracht:

Zum einen hat die Kategorisierung die Frage nach der Trennung von Staat und Kirche zur Grundlage und Voraussetzung[233]. Historisch hat sich insbesondere das Trennungsmodell als Gegenentwurf zu einer vorgängigen institutionellen Verflechtung von Staat und Kirche entwickelt, am deutlichsten im revolutionären Frankreich[234]. Auch das deutsche Kooperationsmodell richtete sich 1919 mit der Absage an die – ohnehin schon längst nicht mehr bestehende – Staatskirche (Art. 137 Abs. 1 WRV) gegen die institutionellen Verbindungen in Gestalt des landesherrlichen Kirchenregiments („Summepiskopat“). Indes hat die gemeineuropäische Verfassungs-

[231] Dieser in der Literatur mitunter verwandte Terminus ist schon deshalb fragwürdig, da die EU kein Staat ist und es auf absehbare Zeit auch nicht sein wird, insoweit zutreffend *Kaiser*, Diskussionsbeitrag, Essener Gespräche 27 (1993), 105 f.; *Lecheler*, in: FS Leisner, S. 39 (47), schlägt stattdessen den Begriff „Unions-Kirchen-Recht“ vor.

[232] Dazu schon knapp sub IV. 2 c) ee).

[233] Zutreffend *Robbers*, ZevKR 42 (1997), 122 (125).

[234] Zu geistesgeschichtlichen Hintergründen und historischen Abläufen unverändert bedeutsam *H. Maier*, Revolution und Kirche, 1959; ebenso *Frhr. von Campenhausen*, Staat und Kirche in Frankreich, 1962.

entwicklung diese historischen Gefechte ebenso hinter sich gelassen wie die kulturkämpferischen Frontstellungen zwischen emanzipatorischen Liberalismus des 19. Jahrhunderts und integralistischem Konfessionalismus jedweder Couleur. Die Frage nach der Trennung von Staat und Kirche erscheint überhaupt wenig geeignet zu sein, die tatsächlichlichen Lebensverhältnisse im beginnenden 21. Jahrhundert zu erfassen. Daraus erklärt sich auch die in seit einiger Zeit in den „extremen" Systemen des staatskirchlichen wie des Trennungsmodells zu beobachtende Tendenz der Modifizierung. Sie offenbart sich in Staatsdistanzierung, teilweise sogar Entstaatlichung im Bereich der Staatskirche[235] ebenso wie in verstärkter Kooperation in Trennungssystemen. Ob diese Beobachtungen schon die These einer grundsätzlichen Konvergenz der staatskirchenrechtlichen Systeme tragen[236], kann hier auf sich beruhen. Wesentlich ist jedenfalls der Befund, daß nach heutigem Verständnis – anders als in der paläoliberalen Lesart des 19. Jahrhunderts – Trennung von Staat und Kirche einerseits und Religionsfreiheit andererseits keine unversöhnlichen Gegenpole mehr darstellen, sondern miteinander kompatibel sind[237].

Zweitens ist hervorzuheben, daß die drei Kategorien in der Rechtswirklichkeit weniger klar voneinander zu unterscheiden sind, als es zunächst den Anschein haben mag. Dies beginnt schon bei der Beobachtung, daß nicht jeder Mitgliedstaat sich in klarer Weise einem der Modelle zuordnen läßt: In Finnland existieren mit der evangelisch-lutherischen und der griechisch-orthodoxen Kirche zwei, in Großbritannien gar drei Staatskirchen. In Frankreich bestehen nebeneinander zwei der drei genannten Modelle: Ein Koopera-

235 Fn. 208.

236 So insbes. *Robbers*, ZevKR 42 (1997), 122 (127); zustimmend *Hollerbach*, Religion und Kirche im freiheitlichen Verfassungsstaat, 1998, S. 26; *Winter*, in: FS Hollerbach, S. 893 (905); ähnlich auch *Link*, ZevKR 42 (1997), 130 (152 f.); skeptisch hingegen *Lecheler*, in: FS Leisner, S. 39 (42 m. Fn. 16).

237 *Häberle*, Europäische Rechtskultur, 1994, S. 116.

tionsmodell in den östlichen Departements aufgrund der Fortgeltung des Napoeonischen Konkordats von 1801[238], ein Trennungsmodell in den übrigen Landesteilen. Außerdem ist in der Rechtspraxis – unabhängig vom System – die Kooperation der Regelfall, wie paradigmatisch der Bereich des konfessionellen Privatschulwesens zeigt.

b) Auswirkungen des Gemeinschaftsgrundrechts auf das nationale institutionelle Recht. Unmittelbare Auswirkungen der gemeinschaftsrechtlichen Religions- und Weltanschauungsfreiheit auf das institutionelle Recht bestehen nicht. Die Leitprinzipien des deutschen Staatskirchenrechts – Säkularität, Neutralität und Parität – sind ohnedies Bestandteile der gemeinsamen Verfassungsüberlieferung der Mitgliedstaaten[239]. In diesem Rahmen veranlaßt das Gemeinschaftsrecht keine „Angleichung" oder gar „Vergemeinschaftung" des nationalen Staatskirchenrechts[240]: „Gemeinsamer Markt" im Sinne der Verträge ist nicht ein Markt der Religionen und Weltanschauungen. Wohl steckt die Religions- und Weltanschauungsfreiheit einen bindenden Rahmen ab, überläßt aber dessen nähere Ausgestaltung den Mitgliedstaaten. Sie fungiert also nicht als systemüberwindendes Prinzip, fordert weder unter Betonung auf die positive Dimension die Überwindung des Laizismus noch unter Rekurs auf die negative Komponente die Abschaffung der Staatskirche. Damit ist freilich noch nichts darüber ausgesagt, ob auch jede einzelne Ausprägung eines institutionellen Gefüges von den Auswirkungen der gemeinschaftsrechtlichen Religions- und Weltanschau-

[238] Das Konkordat wurde von Frankreich im Zuge des Trennungsgesetzes (loi de la séparation) vom 09.12.1905 einseitig gekündigt. Für das damalige Reichsland Elsaß-Lothringen erlangte die Rechtsänderung auch nach der Rückkehr zu Frankreich 1919 keine Wirksamkeit. – Dazu *Messner*, in: FS Hollerbach, S. 865 f.

[239] *Robbers*, Essener Gespräche 27 (1993), 81 (85).

[240] *Hollerbach*, ZevKR 35 (1990), 250 (258, 268); *Hillgruber*, DVBl 1999, 1155 (1177 f.); *H. Weber*, ZevKR 45 (2000), 109 (149 f.); *ders.*, in: FS Maurer, S. 469 (492).

ungsfreiheit unbeeinflußt bleiben muß. In diesem Bereich sind Modifikationen und Veränderungen durchaus denkbar[241], das System als solches berühren sie indes nicht.

[241] Darauf bereits Hinweis von *Hollerbach*, in: H.-P. Schneider/Steinberg (Hrsg.), Verfassungsrecht zwischen Wissenschaft und Richterkunst, 1990, S. 73 (83 f.); ebenso *H. Weber*, in: FS Maurer, S. 469 (492).

V. Perspektiven

1. Denkbare künftige Entwicklungslinien

Stärkere Konturen kann die gemeinschaftsrechtliche Religions- und Weltanschauungsfreiheit erlangen, wenn die EU-Grundrechte-Charta verbindliches, insbesondere auch justiziables, (Primär-)Recht wird. Damit würden umgekehrt freilich auch komplizierte Rang- und Zuordnungsfragen aufgeworfen, die an dieser Stelle nur angedeutet werden können: Wie gestaltet sich das Verhältnis von Grundrechten und Grundfreiheiten? Gibt es innerhalb des Primärrechts so etwas wie eine Normenhierarchie? Oder ist eine Figur des „gemeinschaftswidrigen Vertragsrechts" vorstellbar? Konkret für das hier untersuchte Thema der Religions- und Weltanschauungsfreiheit: Wie verhält es sich mit dem religiösen und weltanschaulichen Diskriminierungsverbot – soll es (nach dem Konzept von Art. 13 EGV) Drittwirkung auch inter privatos entfalten oder (nach vertrauter Dogmatik) allein gegen die Gemeinschaftsgewalt wirken?

Hinsichtlich des sachlichen Gewährleistungsgehalts dürfte Art. 10 Abs. 1 der Charta – schon wegen des im Vergleich zu Art. 9 Abs. 1 EMRK praktisch identischen Wortlauts – dem bisherigen Schutzstandard zumindest ebenbürtig sein, der aufgrund der Kollisionsklausel des Art. 52 Abs. 3 der Charta ohnehin nicht unterschritten werden darf[242]. Weitere – dogmatische wie praktische – „Verfeinerung" bleibt auf der Ebene der allgemeinen Gemeinschafts-Grundrechtslehren zu leisten: Dies gilt insbesondere für die Frage

[242] So bereits für Art. F Abs. 2 EUV *Baumgartner*, ZfV 1996, 319 (325) m.w.Nachw.; ebenso *H. Weber*, in: FS Maurer, S. 469 (490 f.).

der Grundrechtsbindung und für die Frage nach den Grundrechtsschranken[243].

2. Relevanz der Grundrechte für den weiteren Integrationsprozeß

Mit fortschreitendem Integrationsniveau der Europäischen Union kommt den Grundrechten neben ihrem subjektiv-rechtlichen Gehalt in zunehmendem Maße auch die Funktion einer objektiven Wertentscheidung zu[244]. Angesichts der weitgehend verwirklichten wirtschaftlichen und rechtlichen Vereinheitlichung bedarf die europäische Integration, soll sie substantielle Fortschritte machen, verstärkt der bürgerschaftlichen Absicherung. Diese wird zu einem nicht geringen Teil durch die sog. intermediären Kräfte vermittelt wie die politischen Parteien und die arbeitsrechtlichen Koalitionen, aber eben auch durch die Religions- und Weltanschauungsgemeinschaften. Nicht zuletzt aus diesem Grunde dient die Entfaltung einer gemeinschaftsrechtlichen Religions- und Weltanschauungsfreiheit nicht nur (individuellen, korporativen oder institutionellen) Interessen, sondern der Union selbst. So gesehen, stellt sie einen bedeutsamen Baustein für ein „gemeineuropäisches Verfassungsrecht“[245] dar.

[243] Vor dem Vorwurf defizitärer Schrankendogmatik nimmt indes den EuGH in Schutz *von Bogdandy*, JZ 2001, 157 (163 ff.).

[244] Dazu allgemein *Kingreen*, in: Calliess/Ruffert (Hrsg., Fn. 14), Art. 6 EUV Rn. 46 ff.; speziell für die Religionsfreiheit bereits *Pernice*, JZ 1977, 777 (780 f.); aus jüngerer Zeit *Bausback*, EuR 2000, 261 (264).

[245] Begriff von *Häberle*, EuGRZ 1991, 261.